El
Poder Curativo
de la Orina

El Oro Líquido de la Salud

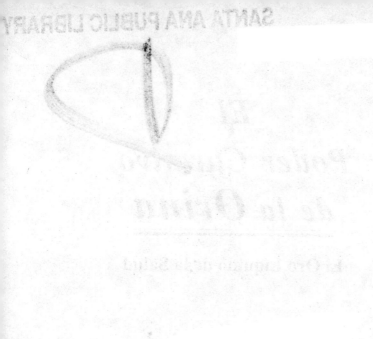

El
Poder Curativo
de la Orina

El Oro Líquido de la Salud

May Ana

Grupo Editorial Tomo, S.A. de C.V.
Nicolás San Juan 1043
03100 México, D.F.

1a. edición, junio 2000.
2a. edición, junio 2003.
3a. edición, marzo 2004.
4a. edición, febrero 2006.
5a. edición, agosto 2008.

© *El Poder Curativo de la Orina*
Autor: May Ana

© 2006, Grupo Editorial Tomo, S.A. de C.V.
Nicolás San Juan 1043, Col. Del Valle
03100 México, D.F.
Tels. 5575-6615, 5575-8701 y 5575-0186
Fax. 5575-6695
http://www.grupotomo.com.mx
ISBN: 970-666-246-4
Miembro de la Cámara Nacional
de la Industria Editorial No. 2961

Diseño de Portada: Emigdio Guevara
Supervisor de producción: Leonardo Figueroa

Impreso en México - *Printed in Mexico*

Introducción

Desde que empecé esta serie de libros sobre *El Poder Curativo de...* acerca de los alimentos que tenemos en la naturaleza y que, poco a poco, hemos cambiado por productos elaborados y transformados en laboratorios y fábricas, que no sólo les quitan sus mejores componentes activos sino que, además, les agregan químicos que muchas veces causan daños en el organismo de nuestras familias y, por supuesto, en nosotros mismos. Es por eso que en mi cabeza había estado dando vueltas la idea de escribir un tomo sobre la utilización práctica de la orina, tanto la preventiva como la de posible sanación.

Yo misma me sorprendí cuando comencé a utilizarla conmigo, y en mí los resultados fueron, y siguen siendo realmente sensacionales; como a muchas de mis amigas, sus esposos e hijos, nos costó trabajo al principio, no digamos la ingestión diaria y regular de la orina, sino el no desechar esta idea y "tan descabellada" fantasía.

En el presente trabajo, encontrarás algunas aplicaciones prácticas en las que no necesitarás beber la orina, sino aplicarla en algunos casos de lesiones: es más, ¡te reto a que pruebes en esos casos!; inclusive, cuando sea algún miembro de tu familia o de tus amistades quienes las sufran, utiliza orina, la tuya o la de alguien más, en una curación, sin que se den cuenta, y verás que sanarán rápidamente, sólo al final cuéntales en qué consiste el "tratamiento", no lo creerán en un principio, pero los resultados hablarán por sí solos.

Es necesario hacer una aclaración, todos los tratamientos aquí documentados son únicamente propuestas, es pertinente que antes de iniciar cualquier curación considerada difícil o complicada, consultes con tu naturópata, orinoterapeuta o médico familiar que no se oponga al uso de la orina; así, tú estarás tranquila con lo que piensas y haces, y no te quedarán "cargos de conciencia", como decimos comúnmente.

Cuando decidas aprovechar el líquido amarillo-dorado, llamado orina, es bajo tu responsabilidad y la de tu doctor; pero no te espantes, porque las precauciones, y más tratándose de nuestra salud y la de nuestros hijos, no están nunca de más.

Por todo esto, si te decides por la aplicación de la orinoterapia, ¡felicidades, y muchos y muy sanos años de vida!

El uso de la orina para curación existe desde hace cinco mil años

El uso más antiguo de la orina, aplicado como parte importante de muchos procesos curativos en los humanos, lo encontramos en los libros sagrados de la India, los "Vedas", palabra del sánscrito antiguo que significa *Ciencia, Saber*. Son cuatro libros que contienen un conjunto de plegarias, fórmulas rituales y mágicas, e himnos religiosos y filosóficos, y que fueron dictados por Brahma antes del inicio del siglo VII a.C. Dentro de estos textos se encuentra el llamado *Shivambukaloa,* (algunos sólo lo mencionan como *Shivambu)* donde le dedican ¡ciento siete capítulos a la aplicación de la orina!, como una especie de panacea para aliviar muchas de las enfermedades que han aquejado a la humanidad desde siempre.

Estos textos antiguos califican a la orina como *El Néctar de los Dioses, Agua de Shiva y Agua de la Prosperidad*, es más, actualmente, los hindúes tiene tanta confianza en la orina que no sólo utilizan la propia, sino también la de algunos animales, como por ejemplo, de la vaca (recordemos que en ese país está prohibido comer carne de vaca o buey), frente a la cual esperan pacientemente para que suelte su vital líquido, con el que se lavarán la cara, tallarán los ojos, enjuagarán el cabello y limpiarán su cuerpo en general.

Es común que en la India muchos de sus habitantes, sobre todo los que viven en extrema pobreza, que son millones, aprovechen la primera orina de la mañana para ser bebida como parte de su diario ayuno, el cual llevan a cabo siguiendo el ritual del antiquísimo libro del "Hatha Yoga Pradipika", el cual indica que se debe beber únicamente *el chorro medio*, es decir, eliminar la primera parte de la orina, ya que contiene mucha bilis, aprovechar la siguiente y también desechar la última, porque carece de muchas de sus propiedades; este procedimiento debe ser posterior a una cuidadosa limpieza del glande del pene o de los genitales femeninos para evitar una posible infección, y como la sabiduría hindú no tiene límites, el mismo Shiva recomienda: *Bebe tu propia orina reciente y limpia con alegría y agradecimiento; todas las enfermedades que hemos padecido, se curarán.* En el *Babeharu*, libro sagrado de la religión *Jaina* o *Jina* (*Victorioso*) de ese mismo país, dice que *"en caso de ayuno, tomar su propia orina con todo lo que salga"*.

En otros lugares del mundo se ha utilizado la orina para alivio de muchos padecimientos humanos; por ejemplo, desde los tiempos antiguos ha existido la orinoterapia en el budismo asiático; en Japón, desde hace más de 800 años se está aplicando contra padecimientos como diabetes, hipertensión y asma; los lamas tibetanos también tienen la añeja costumbre y tradición de tomar su orina, y vivían, viven, y probablemente vivirán, hasta los 150 años de edad.

Como se puede observar, la orina como terapia ha existido mundialmente desde hace bastantes años, respaldada por diversas tradiciones religiosas. En el área caliente del Golfo Pérsico, los odontólogos árabes la habían utilizado como antibiótico y analgésico para tratar la piorrea o caries; y ni qué decir de los romanos, cuyo emperador Tito, allá por el año 70 d.C., ordenó que los fulones, quienes hacían "el trabajo sucio" de la ciudad, al encargarse de limpiar la orina y heces fecales, pagarían altos impuestos, ya que también eran muy altos sus ingresos, y como protestaron por ello, Tito les dijo: *Deben pagar mucho de impuestos, ya que sus ingresos son muy altos y el dinero que reciben no apesta.*

Latinoamérica no puede ser menos en el uso de la orina como terapia, ya existía esta tradición en las comunidades incas y aztecas. En Puerto Rico, muchos ancianos del centro de cuidado diurno han relatado el uso de la orina contra el dolor de oído, muelas y picaduras de abeja, avispa, alacrán, quemaduras con agua hirviendo, fricciones de la misma contra el dolor de huesos y músculos, entre otras dolencias.

Valor del diagnóstico del análisis de la orina

Los antiguos médicos griegos, romanos y árabes basaban su diagnóstico en seis tipos de observacio-

El color y el contenido de sedimentos de la orina, indicaba a médicos medievales el padecimiento del paciente.

nes: la conducta del paciente, el tipo de ubicación e intensidad del dolor, las zonas inflamadas, los olores corporales y el análisis de la orina. Su color, olor, sabor, densidad y contenido de sedimentos les ayudaba a identificar la enfermedad y establecer el tratamiento.

En nuestra época, es a partir de los años setenta que se oficializan los estudios sobre la orina y sus propiedades curativas a nivel científico, destacando países como Japón, India, Estados Unidos y algunos otros de Europa, como Alemania y España.

En nuestros días, el análisis de la orina sigue siendo vital para el médico. Por el grado de acidez, el nivel de proteínas anormales y el examen microscópico de los cristales, bacterias o células sanguíneas que contiene, se puede saber si hay alguna disfunción renal; el exceso de azúcar en la orina indica diabetes, y la abundancia de glóbulos blancos, una infección en las vías urinarias. El análisis también revela los venenos o drogas que ha tomado el paciente.

Entonces, ¿por qué no devolverle a la orina el crédito que siempre ha debido tener?, en ella se reflejan nuestras enfermedades, y también con ella, están muchas de nuestras curaciones y sanaciones, y este proceso empieza con vencer nuestro asco a beberla; si logramos hacerlo, habremos dado un gran paso al curar muchísimas de nuestras dolencias, y si no tenemos ninguna, a continuar con la ingestión diaria del líquido dorado como medida preventiva de enfermedades; de cualquier forma, lo único que puede hacernos es bien a nuestro cuerpo.

Proceso de la elaboración de orina en el cuerpo

Antes de entrar de lleno a la terapia con orina, es pertinente que conozcas cómo se lleva a cabo en tu cuerpo el proceso de la elaboración de orina, para que tengas una idea precisa y confirmes el por qué muchos médicos y pacientes en el mundo la llaman *El Agua de la Vida*.

Una vez que el cuerpo ha tomado los ingredientes que necesita de los alimentos sólidos y líquidos, éstos pasan a los riñones, donde se convierten en una excreción líquida que es conducida a la vejiga por medio de los uréteres y es expelida por la uretra. En el ser humano, es un líquido transparente de color ámbar y olor característico, que contiene en solución casi todos los productos sólidos del catabolismo, es decir, del conjunto de transformaciones y reacciones químicas a que son sometidos los alimentos para la obtención de energía, y de las moléculas esenciales en el metabolismo intermediario (nitrógeno, urea, amoniaco, ácido úrico, creatinina, cloruros, calcio, fósforo inorgánico, magnesio y aminoácidos).

Veamos este proceso con más detalle: al quemar calorías para obtener energía, las células producen sustancias residuales que podrían destruirlas si se acumularan en su interior, para evitarlo, los desechos metabólicos no se quedan en los tejidos, sino que se vierten en la sangre y son conducidos a los riñones a través del aparato circulatorio; al filtrar la sangre, los riñones conservan los elementos útiles y se deshacen de los que resultan nocivos o innecesarios, formando con ellos la orina que fluye continuamente y se almacena en la vejiga.

La orina es la principal vía de excreción de los productos nitrogenados (urea, ácido úrico y creatinina), los cuales quedan como residuos del desdoblamiento de las proteínas, los ácidos nucléicos y la creatina. También se elimina así el exceso de sodio, potasio, calcio, magnesio, hierro, bicarbonatos, fosfatos y cloruros. Por otra parte, el compuesto más abundante en la orina es el agua, su proporción exacta varía de acuerdo con el estado de salud de cada uno, lo que haya comido y bebido, y el ejercicio que haya hecho, pero generalmente constituye alrededor del 95 ó 96 por ciento de la orina.

Función de los riñones

Cada riñón contiene alrededor de un millón de unidades microscópicas llamadas nefronas, las cuales filtran la sangre, reabsorben el agua y los nutrientes, y producen la orina donde eliminan los desechos; a lo largo de las circunvoluciones y asas que conforman sus diminutos tubos, las nefronas procesan todos los días alrededor de 170 litros de líquido, de los cuales sólo elimina, aproximadamente, entre litro y litro y medio en forma de orina.

La sangre llega a los riñones a través de la arteria renal y entra a presión en los glomérulos, que son madejas de vasos capilares y forman parte de las nefronas, éstas últimas filtran la sangre en el glomérulo sin dejar pasar a las células sanguíneas, las plaquetas ni las proteínas, pero recogiendo, en cambio, parte del plasma en la cápsula de Bowman, un receptáculo que rodea al glomérulo como una vaina.

Para tener una idea más clara de cómo está estructurada esa parte de la nefrona, imagínate la mano de un niño apretando una canica de las llamadas "bombochas", tomando en cuenta que la mano es la cápsula de Bowman, y la canica, el glomérulo con la madeja de capilares dentro. El filtrado, que se convertirá en orina, pasa de la cápsula de Bowman a un tubo contorneado, el cual continúa en un conducto con forma de horquilla llamado asa de Henle.

El asa se adentra en la médula renal, regresa a la corteza, curvándolo se forma otro tubo contorneado que desemboca en el conducto colector, y este último entra de nuevo a la médula, para finalmente verter la orina en la pelvis renal. A medida que el filtrado fluye por el tubo de la nefrona, la red de capilares que lo rodea va reabsorbiendo los materiales que el organismo necesita, dejando sólo los de desecho, y la sangre ya depurada sale del riñón por la vena renal. (*Véase* ilustraciones 2 y 2 A).

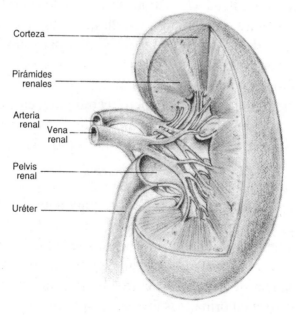

Corteza

Pirámides renales

Arteria renal

Vena renal

Pelvis renal

Uréter

Ilustración 2

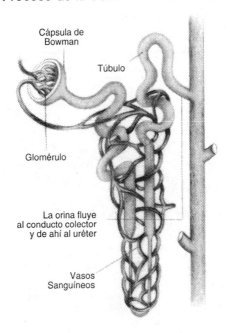

Cápsula de
Bowman

Túbulo

Glomérulo

La orina fluye
al conducto colector
y de ahí al uréter

Vasos
Sanguíneos

Ilustración 2A

Así se elimina la orina

Los riñones están continuamente produciendo orina, la cual gotea durante las 24 horas del día en los
uréteres, dos tubos delgados, de 4 a 5 milímetros de
diámetro y de 25 a 30 centímetros de largo, que
conectan a los riñones con la vejiga. En este saco
muscular con gran capacidad de expansión se acumula la orina hasta el momento de la micción.
Entonces la vejiga se contrae y expulsa su contenido
a través de la uretra, un tubo corto que se abre al
exterior; la misma onda de contracción cierra los

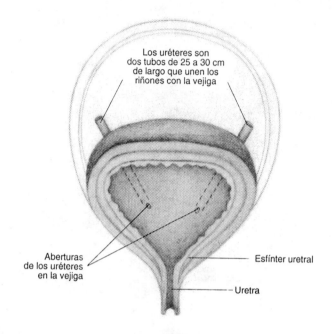

Los uréteres son
dos tubos de 25 a 30 cm
de largo que unen los
riñones con la vejiga

Aberturas
de los uréteres
en la vejiga

Esfínter uretral

Uretra

Ilustración 3

uréteres, impidiendo así que la orina regrese a los riñones. (*Véase* ilustración 3).

La membrana glumérula filtra 120 mililitros por minuto y 180 litros al día, el líquido filtrado pasa por los tubos urinarios, que a su vez es reabsorbido y secretado; toma en cuenta que el 99 por ciento del líquido reabsorbido circula nuevamente por la sangre, conteniendo agua, sodio, glucosa, aminoácidos y otros elementos vitales para la sangre, y sólo un aproximado de litro y medio es desechado por el organismo como orina, es decir, no es que ésta sea mala, sino que es la que nuestro organismo no necesita, y únicamente se está deshaciendo de ese litro y medio, de los 180 litros descritos, que contiene urea, ácido úrico, creatinina y otros elementos no útiles para la sangre, en ese momento.

Cuando ya ha sido eliminada, la orina se contamina fácilmente con bacterias, pero en el momento en que sale del organismo, si se trata de una persona sana, está estéril, tanto que se ha empleado como antiséptico en situaciones de emergencia, cuando no se ha tenido a la mano ninguno de los desinfectantes convencionales. Se sabe también de personas perdidas en el desierto, en el mar y que han sufrido catástrofes naturales o artificiales, como terremotos y derrumbes, durante los cuales sobrevivieron bebiendo su propia orina, sin que eso les haya causado ningún tipo de infección, es más, aún en casos de deshidratación severa, los riñones continúan extrayendo agua de los tejidos para producir orina.

Esta importantísima labor de los riñones tiene el nombre de homeostasia, es decir, es aquella que garantiza el equilibrio y la estabilidad del medio interno del organismo, ya que con la secreción equilibran el contenido de agua, sales, ácidos y bases en el organismo e impiden que el cuerpo elimine glucosa, hidratos de carbono y electrolitos, como sodio, potasio y magnesio.

Variantes en el color de la orina

El color amarillo de la orina se debe a un pigmento llamado urocromo o urobilina, pero el tono varía de acuerdo a la dilución de la orina. Cuando los riñones excretan una gran cantidad de agua, el pigmento se diluye y la orina adquiere un tono más pálido; en cambio, cuando el cuerpo necesita conservar líquidos, los riñones producen una orina más concentrada, que contiene menos agua y, por lo tanto, es más oscura; esto sucede, por ejemplo, durante el sueño, cuando el organismo no consume líquidos ni alimentos y sus procesos se hacen más lentos; por eso la primera orina del día suele ser más oscura.

También debes tomar en cuenta como una llamada de atención, que si tu orina es casi incolora y parece más agua que orina, puede existir el riesgo de estar perdiendo mucho líquido, lo cual es síntoma de que los riñones no están trabajando correctamente y, como consecuencia, están filtrando poco líquido al torrente sanguíneo. Si el fenómeno es al revés, es decir, que el color de la orina es oscuro, no obstante beber suficiente líquido, es probable que se esté reteniendo demasiada agua por un deficiente proceso de secreción interna, lo cual significa que no es vertida correctamente por un conducto, sino que pasa directamente a la sangre o linfa, y toma parte activa en los procesos metabólicos.

Líquido bebido, orina que eliminamos

La cantidad total del agua que hay en el organismo, por lo general es constante, con ligeras variaciones, independientemente de la cantidad de líquidos que tomes. Los que se encargan de mantener este equilibrio son los riñones, que aumentan o disminuyen la proporción de agua en la orina según la que hayas absorbido, por lo que la cantidad de agua que eliminas al día corresponde, aproximadamente, a la que has bebido.

La cantidad de orina que eliminas depende, sobre todo, de las necesidades que tenga el organismo de mantener el equilibrio de los líquidos internos. El agua es el principal constituyente de tu cuerpo; a ella corresponde casi el 60 por ciento del peso de un adulto delgado, y un poco menos si se trata de una persona obesa. Además de la orina, el exceso de agua escapa por otras vías: humedece el aliento, se evapora a través de la piel, al ser secretada por las glándulas sudoríparas en forma de sudor, y se expulsa en la heces. A veces el cuerpo pierde demasiada agua, como resultado del calor, el ejercicio o alguna enfermedad que produzca sudores, vómito o diarrea; son entonces los riñones quienes se encargan de conservar las reservas del organismo.

El hipotálamo, una pequeña región del cerebro, vigila la cantidad de líquidos que hay en el cuerpo; en cuanto nota un descenso en el volumen de agua, manda señales a la glándula pituitaria para que libere en la corriente sanguínea una hormona antidiurética, sustancia que aumenta la capacidad de los riñones para reabsorber y reciclar el agua. Si el cuerpo ha absorbido más líquidos de los que necesita, el hipotálamo hace que disminuya la secreción de la hormona antidiurética. Existen otros mecanismos para regular la cantidad de agua y sales en el organismo, que funcionan como un sistema de retroalimentación, es decir, empiezan y terminan en los riñones.

Cuando el nivel de sodio en la sangre disminuye, la presión arterial baja, y esto hace que los riñones segreguen una enzima, llamada renina, que desencadena una serie de reacciones químicas en los riñones y en el torrente sanguíneo, dando lugar a la formación de una hormona, la angiotensina, que estimula las glándulas suprarrenales para que produzcan aldosterona, que a su vez fomenta la reabsorción de sodio. La angiotensina también permite que los vasos sanguíneos se constriñan, lo que eleva la presión arterial y aumenta la velocidad a la que se filtra la sangre en los riñones, al mismo tiempo que estimula al hipotálamo para que ordene la secreción de la hormona antidiurética y reduzca la producción de saliva, creando una sensación de sed. Cuando la presión sanguínea y la concentración de sodio en la sangre han vuelto a sus niveles normales, la secreción de renina cesa y se interrumpe toda esta secuencia de procesos reguladores, que son los verdaderos responsables del volumen de orina que se elimina.

Diferencias entre los aparatos urinarios de la mujer y el hombre

Las principales diferencias se encuentran en la uretra y en la relación de la vejiga con otros órganos. En las mujeres, la uretra es un conducto de unos cuatro centímetros de largo que sirve exclusivamente para llevar la orina de la vejiga al exterior, la cual se encuentra por delante del útero y de la vagina. En los hombres, la uretra es un tubo que mide alrededor de veinte centímetros de largo, y pasa en su trayecto hacia el exterior a través de la próstata y luego a lo largo del pene; la uretra masculina sirve tanto para el paso de la orina como del semen. Durante la micción, se cierra automáticamente la abertura de la uretra por la que entra el líquido seminal, dejando paso sólo a la orina, y ocurre lo contrario durante la eyaculación. La vejiga está situada en la cavidad pélvica por detrás del pubis, lo mismo que en las mujeres, pero en ellos queda por delante del recto.

Los hombres presentan valores de ácido úrico más elevados que las mujeres, por lo que hay más probabilidades de sufrir gota, arenillas y piedras en el riñón, por lo que es sumamente importante para tu buena salud el no comer alimentos con mucha sal, reducir al mínimo la ingestión de carne roja y evitar en lo posible las bebidas alcohólicas, para no padecer de cáncer de riñón y vejiga, y, sobre todo, el tabaco, para no sufrir de carcinoma de pulmón, que es una variedad de cáncer; eso sí, beber al día y los *ocho* días de la semana, dos litros de agua, si lo logras, es casi seguro que no vuelves a necesitar de medicamentos halópatas.

Bebidas = necesidad de orinar

Cuando tomas café, té, refrescos de cola o cualquier otra bebida que contenga cafeína, aumenta mucho la necesidad de orinar, esto se debe a que la cafeína es un diurético, es decir, una sustancia que estimula la producción de orina en los riñones. Si se bebe una gran cantidad de agua u otros líquidos, los riñones aceleran su función para mantener constante el nivel de líquidos en el organismo, e inmediatamente eliminan el exceso.

Pero no es únicamente lo que bebes lo que produce la sensación de orinar, sino también por estar muy nervioso; hay personas que cuando se encuentran en una situación tensa les entra una verdadera urgencia por orinar, aunque tengan la vejiga casi vacía; la razón es simple, pero curiosa: cuando la gente se altera y se pone nerviosa, la vejiga, en cierta forma, también puede inquietarse y sus músculos pierden la capacidad de relajarse; es este espasmo muscular el que produce la sensación de que la vejiga está llena, y se siente la urgencia de vaciarla.

Este es todo el proceso por el que transita la orina, es un largo camino en el que, si logras regresarle al cuerpo parte de lo que desecha, a través de la orina, le estarás haciendo un favor a tu organismo, y a ti mismo, en tu salud.

Componentes químicos de la orina

Pocos elementos en el cuerpo humano tienen tantos componentes y nutrientes como la orina, aunque existen variantes en su composición, ya que depende de los hábitos de vida y alimenticios de cada individuo, de acuerdo con lo que bebe y come, del ejercicio a que esté acostumbrado y de otras circunstancias que rodean a su vida.

Veamos entonces la mayoría de los componentes que conforman ese líquido amarillento llamado orina:

Ácido úrico

Ácido úrico N (nitrógeno)

Alontaína

Amino N

Ammonia B

Bicarbonato

Calcio

Cloruro

Creatinina

Creatinina N

Fosfato inorgánico

Hierro

Magnesio

pH

Potasio

Sodio

Sulfato inorgánico

Sulfato total

Urea

Urea N

Estos mismos elementos que componen la orina pueden reagruparse de otra manera, que permita entender mejor de lo que te estás perdiendo por no conocer los líquidos que contiene tu cuerpo; veámoslos para que tengas muy presente lo más importante de cada uno de estos elementos del líquido dorado, que ya he descrito en otros libros de esta serie:

Vitaminas:

A, también conocida como betacaroteno, ayuda a fortalecer el sistema inmunológico al evitar que las células malignas no se reproduzcan, mejora la vista y protege contra el cáncer de pulmón, laringe, esófago y vejiga, y además, es un excelente. escudo protector de la piel y combate las arrugas.

Complejo B, compuesto por las vitaminas tiamina, riboflavina, niacina, piridoxina, cobalamina, ácido fólico, ácido pantoténico y biotina; está estrechamente relacionado con la nutrición y es capaz de curar todo el cuerpo; metaboliza los carbohidratos, grasas y proteínas que hay en el organismo; a ella se debe el estado de la piel, la energía, la formación atlética, el sistema depurador de toxinas, la recuperación en la caída del cabello y las canas.

C, es antiséptica, mantiene los tejidos, coyunturas y ligamentos, protegiéndolos contra inflamaciones; ayuda a mantener las encías fuera de enfermedades; no hay nadie como ella contra resfriados y gripes, y es una excelente auxiliadora para los enfermos de cáncer de estómago y esófago.

E, extraordinaria antioxidante que evita complicaciones cardiovasculares y neurológicas, ayuda a curar cortadas, quemaduras y mutilaciones; lubrica eficientemente el corazón, y por si no fuera suficiente, es la vitamina de la virilidad, ya que ayuda contra algunas formas de esterilidad.

Otras vitaminas contenidas en la orina son Carin, Ácido pantoténico y Aminoácidos.

Hidratos de carbono:

Ácidos Keto, Kuen, Láctico y Piruvina.

Hormonas:

De la hipófisis, Melatonina, que tiene efecto tranquilizante, Adenoide, Sexuales, Interoikin, Endorfina, Interferón, Prostaglandina, Auxinas y SPU, entre otras.

Si eres observador, amigo y amiga lectores, puedes apreciar que son demasiados elementos valiosos de nuestro organismo como para desperdiciarlos así como así; no en balde la sabiduría de civilizaciones antiguas, que ya hemos visto, han aprovechado la orina como uno de los mejores remedios, por no llamarle medicamento natural, para aliviar muchas de nuestras afecciones y enfermedades, simples o graves, sencillas o complejas, por lo que debemos pensar muy bien, a partir de este momento, en las inmensas posibilidades de aprovechar en nuestro beneficio la orina que tal vez aún seguimos viendo con repulsión.

Nuevos descubrimientos

Así como ya mencioné, que a partir de los años setenta se apoyaron nuevas y más serias investigaciones sobre las cualidades de la orina, los estudios han empezado a dar como resultado nuevos y benéficos descubrimientos de la orina, como los que a continuación detallo:

➢ En Estados Unidos, científicos de la Universidad de Harvard descubrieron la hormona SPU que produce nuestro cuerpo cuando dormimos, misma que es considerada como antibiótico natural para la circulación sanguínea, analgésico y motivador de la secreción de otras hormonas útiles para el organismo.

➤ Investigadores del mundo concuerdan en afirmar que el ácido úrico contenido en la orina tiene una función importantísima para reproducir y activar el ácido desoxirribonucleico (ADN) contenido en los genes, los que además tienen "impresos" toda la información acerca de nosotros, nuestros antepasados y sucesores y, por si fuera poco, este ácido úrico posee la cualidad de rejuvenecer los órganos, fortalecer el sistema inmunológico y curar enfermedades.

➤ Como es de esperar, los estudios científicos de los japoneses también han arrojado luz con respecto a las cualidades de la orina; en la Escuela de Medicina de la Universidad de Kioto, descubrieron en el líquido amarillo varios anticuerpos para combatir tumores malignos e infecciones. Por su parte, el Instituto de Química del Hayashibara, descubre el interferón, una sustancia que activa la producción de células que combaten deficiencias en el organismo. Cuando es inyectada, esta sustancia tiene nefastos efectos colaterales, en cambio, si es ingerida a través de la orina, nuestro organismo la aprovecha de mejor manera para fortalecer al sistema inmunológico.

➤ En América Latina, tanto en Nicaragua, como Panamá, Honduras y México, se ha incrementado el uso de la orina como terapia, no sólo por lo extremadamente económico que resulta, que ya es un gran paso, sino por lo realmente efectiva que es y, sobre todo, porque no hay ningún riesgo en su uso.

➤ Hace pocos años se habían descubierto más de ¡200! compuestos en la orina, pero cálculos de muchos investigadores sugieren que puede contener unos ¡mil!, con lo que podemos decir que tenemos una farmacia a nuestra disposición, y lo mejor de todo, ¡completamente gratis!

➤ Investigadores de la Universidad de California en Los Ángeles (UCLA), han aislado un antibiótico natural presente en el tracto urinario y el reproductivo de la mujer. El compuesto, llamado *beta-defensina-1 humano,* ha demostrado su eficacia para combatir infecciones causadas por determinadas bacterias. Los científicos estadounidenses creen que pronto serán capaces de estimular su producción, y disponer así de un arma antibacteriana tan potente como natural. La mayor concentración de esta sustancia se ha detectado en la orina de mujeres embarazadas.

Esto es tan sólo el principio del redescubrimiento de las cualidades curativas de la orina, por lo que el futuro es aún más prometedor.

Vencer la antinatural repulsión de beber orina

Con seguridad habrás visto la película estadounidense *Mundo Acuático*, protagonizada por el actor Kevin Kostner, en la que, al inicio de la cinta, Kevin está orinando sobre una taza, la cual será bebida posteriormente por él mismo. ¿Esto qué significa?, sencillamente, que en un mundo donde todo está cubierto por el mar, y el agua sólo se puede conseguir a través de costosas filtraciones, no es en absoluto descabellado el pensar que a falta del vital líquido, la orina sea la sustituta natural, misma que contiene entre 90 y 95 por ciento de agua.

Esto no es nada ficticio si tomas en cuenta que las batallas militares del nuevo milenio se darán por poseer y controlar el agua de ríos y lagunas, ya que con el actual ritmo de aumento en la población mundial (¡más de seis mil millones de habitantes!) las deforestaciones y el mal uso que se le da al agua dulce, ésta será un líquido de lujo, y si no se logra conservarla, entonces sí, con toda y tu repulsión a beber tu propia orina, tendrás que hacerlo o perecer de sed.

Otro elemento que debes tomar muy en cuenta es que existe la creencia de que el cuerpo está desechando lo que ya no puede aprovechar, por medio de diversos métodos, dos de los cuales son a través de materia fecal y orina lo que automáticamente te lleva a pensar erróneamente en que a fuerza, la orina es asquerosamente mala y venenosa, pero los hechos de supervivencia ya descritos y los de miles de pacientes que han curado muchos de sus males a través de la utilización de su orina, son demasiados a favor contra la "natural" repulsión de beber este vital líquido, por muy tuyo que sea.

Otras personas creen que el sabor de la orina debe ser tan repulsivo, que seguramente, aún antes de beberla y con "tan sólo verla u olerla", las ganas de vomitar serán muchísimo más grandes, y que "jamás podrían llegar a ingerirla".

Esto puede ser cierto en algunos individuos y sólo las primeras veces, después, el sabor va siendo registrado en tu cerebro como insípido, es decir, como si bebieras agua. Claro está, el sabor cambia según la hora en que la bebes, por ejemplo, la de la mañana es ligeramente amarga y salada; también dependerá de lo que comas, pero en sí, el sabor, cuando mucho, sólo puede ser comparado, con su debida distancia, a ingerir un sal de uvas contra la acidez.

Recuerda que la orina, médicamente, es estéril, estéticamente limpia, verdaderamente biológica y natural. Haz memoria, cuando por diversas circunstancias te cortas ligeramente en alguna parte de los brazos o manos, ¿qué es lo primero que haces instintivamente?, ¡beber o chupar tu sangre! y a ella no le tienes asco, primero, porque es tuya, segundo, porque no sabe a nada y tercero, porque no quieres utilizar o no tienes a la mano ningún antiséptico; entonces, ¿por qué sí ponerle peros a un líquido que también viene de ti y además puede sanar muchos de tus padecimientos y dolencias?

Por qué sí debemos beber nuestra orina

Hemos visto algunos de los pretextos para no beber nuestra orina, ahora veamos, en concreto, por que sí hacerlo:

✔ Al ingerir tu orina estás haciéndolo de una forma segura, ya que tu organismo no rechazará algo que reconoce como suyo.

✔ Es excelente para eliminar el cansancio en cualquier parte del cuerpo.

✔ Reaviva la potencia, la sensibilidad y el vigor sexual.

✔ La puedes utilizar bebida o untada, desde un recién nacido, pasando por mujeres embarazadas y enfermos, hasta ancianos.

✔ Rejuvenece los órganos exteriores del cuerpo, eliminando arrugas, espinillas (los molestos "barros") y manchas en la piel.

✔ Lo mejor, ¡es absolutamente gratis¡, ya que mientras tengas vida tendrás también el agua de la vida, tu orina.

Sólo cambia un poco tus ideas sobre la orina y verdaderamente obtendrás un recurso para eliminar muchos pequeños y enormes padecimientos en el cuerpo, así es que, con toda seriedad, te recomiendo que lo pienses y apliques, hasta como dieta para estar física y orgánicamente sano.

Algunos doctores a favor de la utilización de la orina, comentan que ésta se filtra al entrar en el cuerpo (cuando la ingieres), y cada vez se hace más y más pura; ¿y su valor medicinal?, lo primero que hace la orina es limpiar todos los órganos por los que pasa, como hígado, páncreas, pulmones, cerebro y corazón; después libera las obstrucciones en los mismos, y, finalmente, reconstruye los conductos y órganos vitales estropeados por alguna enfermedad; es más, también repara los revestimientos de los intestinos y al cerebro.

¡Todos hemos bebido orina!

¡Pero por supuesto!, no pongas esa cara de asombro, déjame explicarte por qué todos hemos bebido de nuestra orina y no nos acordamos. Durante el embarazo y dentro del vientre de nuestra madre, cuando somos embriones, estamos alojados en el amnios, el relleno del fluido que conocemos como líquido amniótico; como un acto natural, lanzamos nuestra orina a este líquido, y al mismo tiempo nosotros, o sea, el embrión, volvemos a captar e ingerir, una y otra vez, este líquido amniótico, es decir, nuestra orina vuelve a integrarse al sistema circulatorio del organismo; de esta forma, es la primera experiencia que tenemos de beber nuestra orina.

Pero eso no es todo, instantes antes de nacer el bebé, frecuentemente la madre tiene dos contracciones: una, considerada la final y otra, cuando el esfínter de la vejiga de la madre suelta su amarillo, tibio y vital líquido sobre el niño, quien así recibe un fluido beneficiosamente conocido.

Si después de ver todas las ventajas de beber tu orina aún sigues con la repulsión y el asco, entonces tendrás que sufrir muchas de las enfermedades que la medicina actual no sólo no puede curar, sino que ni siquiera puede evitar los dolores y el sufrimiento que ellas producen en quienes las padecen. ¿Qué aguantarás más como humana, fuertísimos dolores o tu inicial repulsión a beber orina, de la que crees saberlo todo y no sabes realmente nada? La respuesta está en ti, amiga o amigo lector.

Propiedades curativas de la orina

Entraré ahora a la parte medular de esta obra. Si has continuado leyendo hasta este capítulo quiere decir que, de una u otra forma, has empezado a vencer, cuando menos en mínima parte, tu repulsión "natural" hacia la orina, esto me lleva a pensar que eres una persona muy osada y eso es muy bueno para ti, ya que si sufres un padecimiento o enfermedad que no has podido sanar, tienes la esperanza de mejorar con la orina, o mejor aún, de curarte completamente, o simplemente, eres un curioso o curiosa y deseas aprender más sobre tu cuerpo; cualquiera que sea tu caso, ¡bienvenido y bienvenida a la terapia con orina!

Nada pierdes con intentarlo

Empieza por llevar a cabo una primera prueba, si estás agotada o enojada haz lo que los yoguis de la India practican desde hace incontables años: bebe todas las mañanas un vaso de tu orina. Según estos sabios hindúes, este brebaje apacigua y favorece la meditación, pero si no crees en la filosofía oriental, entonces hazle caso a dos investigadores de la Universidad Australiana de Newcasttle, quienes creen que el agente responsable de estos efectos es la melatonina, una sustancia secretada cada noche por tu cerebro y retenida en la orina durante el día, que atenúa los dolores y provoca una ligera somnolencia, lo que para algunos podrá ser una reacción a la orina, pero ¿de qué otra forma puedes dejar atrás el cansancio y la ira?

Algunos casos de utilización de la orina

➤ En la ciudad de Belem, Brasil, las monjas del Centro Difusor de Prácticas Alternativas de Vida, de la Iglesia Católica, aconsejan a los enfermos que beban un litro diario de orina para curar problemas cardiacos, renales y venéreos. Las religiosas aseguran que lo aprendieron en libros de medicina oriental.

➤ En el Hospital Natural de Nicaragua, combinan medicina japonesa con prácticas de acupuntura y orinoterapia. José Pedro da Silva, de 66 años, logró curar su diabetes tras un año de beber su orina. A otra paciente, la profesora Gloria Rodríguez, los médicos daban poca esperanza de vida debido a problemas cardiacos; a pesar de ello, con sólo beber su orina, la señora Rodríguez recuperó su salud.

Desde luego que los médicos tradicionales, sobre todo los brasileños, sostienen que la orina no puede beneficiar, ya que el organismo no acepta sus propias sustancias nocivas; ésta es una aseveración que no comparto, pero que respeto.

Aplicaciones

Para quienes estamos convencidos del uso de la orina en los seres humanos, recomiendo que no esperen a padecer alguna enfermedad para empezar a utilizarla; para ello, nada mejor que beber la orina matinal, la primera del día; la mejor manera de recolectarla es siguiendo los consejos de los hindúes: dejar salir el primer chorro, a continuación, obtener en un envase el intermedio, y no incluir el final, es decir, aprovechando únicamente el líquido intermedio y beberlo, ¡así de simple!, ahora que si todavía tienes prejuicios por ingerir tu orina, puedes combinarla con miel de abeja (lo que eliminará el sabor salado y amargo de la primera orina que beberás) con jugo de limón e, inclusive, combinada con tu té preferido; si logras hacer esto todos los días con un mínimo de medio litro de orina, incluso en lugar de la primera taza de café de la mañana, gozarás de buena salud en general; si ingieres un litro diario, estarás combatiendo eficientemente y con seguridad, para toda la vida, enfermedades crónicas y difíciles de curar.

Ahora bien, si por diversas razones tienes algunos padecimientos, y quieres y deseas aliviarte definitivamente de ellos, puedes lograrlo con las siguientes indicaciones:

Homeopática

La homeopatía tiene como principio fundamental el mismo que se aplica con las vacunas: *curar lo mismo con lo mismo*, es decir, que con una pequeña dosis de virus o bacterias, se provoca al cuerpo para que reaccione creando los anticuerpos que combatirán a esos "agentes invasores", que causan desde pequeñas hasta grandes enfermedades. Entonces, si sigues este principio, y uno o varios de tus hijos u otros miembros de la familia son muy sensibles a los medicamentos y padecen principalmente de afecciones en los sistemas renal y vesical, y no pueden tomar orina directamente, entonces, junta pequeños frascos que tengan cierre hermético y en los cuales puedas introducir una aguja de jeringa; primero introduce un mililitro de orina y diez de agua, mezclas con fuerza la solución y extraes un mililitro de ella, la vuelves a combinar con otros diez mililitros de agua, y así, hasta en seis ocasiones.

Del resultado final de esta serie de combinaciones, recomiendo que los niños ingieran cinco mililitros, tres veces al día, y diez a los adultos.

Inhalada

Si sufres de afecciones que afectan tus vías respiratorias, ya sea por resfriados, o tos, y de los bronquios, mezcla una cucharada de orina con la solución que acostumbres calentar; una vez que hierva, te tapas la cabeza para evitar la sudoración, e inhalas hasta que la mezcla líquida deje de producir vapor. También puedes utilizar un aparato inhalador que se vende en farmacias y tiendas de autoservicio, pero es importante que una vez terminada la aspiración de vapores, la cabeza se enfríe poco a poco, por lo que no debes destaparla inmediatamente después de la inhalación, y así, tendrás unas vías respiratorias libres y normales, sin los molestos síntomas de gripe y tos.

Haciendo gárgaras

Con la contaminación que se da en las grandes ciudades, y más en países de Latinoamérica, es considerado como "normal" el sufrir de dolencias en la garganta; hay quienes inclusive sufren de afecciones en la mucosa bucal, mejor conocida como estomatitis, y esta enfermedad produce dolores muy fuertes;

pues bien, si éste es tu caso, y los medicamentos que has tomado no te han sanado, o las bacterias y virus se han hecho resistentes a los mismos, entonces, haz gárgaras, de preferencia con la primera orina del día, y si ya eres bebedor de orina, no sólo sanarás con este procedimiento, sino también ingiriéndola, ya que así, al paso de la orina se va limpiando todo lo que toca. Este proceso también sirve para quienes con frecuencia sufren de anginas; los resultados se sentirán casi de inmediato.

Inyectada

Esta es una forma especial de aplicar orina en el cuerpo, y es sumamente recomendable para quien la lleve a cabo, pero es indispensable que sea un experto terapeuta y, de preferencia, en alguna clínica u hospital. Veamos el por qué: la orina debe ser tratada en un aparato que la mezclará con ozono y aire, para asegurar la esterilidad del líquido amarillo; una vez hecha la mezcla, se inyecta con una aguja muy fina, directamente por debajo de la piel donde hay dolor, si es la primera inyección, hay que aplicar una dosis de 0.5 mililitros y nunca rebasar los 5 mililitros en las subsecuentes aplicaciones; este proceso se debe llevar a cabo, cuando mucho, un día sí y otro no, pero esto dependerá de la decisión del terapeuta. Si se va a inyectar vía intramuscular, primero hay que aspirar la parte afectada con una jeringa, y después, con otra nueva, aplicar la dosis de orina recomendada.

No me cansaré de repetir que ésta es una forma de terapia sumamente eficaz, inclusive para casos de menopausia y cualquier tipo de alergia, pero también es muy delicada, por lo que recomiendo que si la vas a aplicar, te pongas en manos del doctor terapeuta, para que alivies tus dolencias y no tengas nada de que preocuparte, ya que él te dirá que esta terapia únicamente se debe llevar a cabo cuando aparecen los primeros síntomas de enfermedad, y nunca como higiene preventiva, como comento al principio de este capítulo.

Bronquitis

A este tipo de inflamación aguda o crónica de la membrana mucosa de los bronquios, puedes aliviarla de dos formas: una, aplicando compresas de orina en el pecho, la cual puede ser reciente o no; para este caso, el efecto es el mismo, y debes cambiarlas en cuanto se calienten (para evitar el mal olor de la orina, se puede lavar la parte del cuerpo donde apliques las compresas con agua limpia); este método lo continuarás haciendo hasta que se termine la orina disponible. Ahora bien, también puedes masajear con orina fría desde el abdomen hasta donde empieza el cuello; con estos dos tratamientos eliminas toxinas y estimulas la circulación.

Colitis sangrante

Esta enfermedad se produce cuando se inflama el colon o todo el intestino grueso, y puede ser tan grave que cause sangrado en esos órganos; para estos casos se pueden llevar a cabo lavativas permanentes e inyectar por el recto pequeñas cantidades de orina, preferentemente, la de la noche, para provocar la evacuación de los intestinos, a la vez que se nutre el cuerpo. Las primeras lavativas serán una vez por día, con base en una combinación de 10 mililitros de orina con cinco o seis gotas de aceite de girasol, hasta llegar a 40 mililitros, con sus correspondientes 20 o 24 gotas del mismo aceite.

Hemorroide y/o almorrana

Este padecimiento es un tumorcillo sanguíneo que se forma en la parte exterior del ano o en la extremidad del intestino, en el recto, puede ser sangrante y estar acompañado de escozor o comezón. Para iniciar el tratamiento, por las noches calentarás agua a temperatura del cuerpo, agregarás toda la orina del día y te darás baños de asiento, posteriormente, aumentarás agua tibia y ahí te quedarás hasta que se enfríe. Es necesario que desde el momento en que detectes la hemorroide dejes de comer carne, sobre todo la roja; esto evitará que las toxinas disminuyan el efecto de los baños de orina. Si el tumor está muy avanzado, con colocar tapones de algodón sumergidos en orina y dejándolos toda la noche, con seguridad, la irritación y la afección desaparecerán. También puedes aplicar la lavativa, descrita líneas arriba, pero con mucha precaución para no molestar la hemorroide y que todo el tratamiento anterior resulte inútil.

La orina te puede ayudar en los terribles dolores de la gota.

Gota

Esta enfermedad, que comentaré con amplitud en el capítulo dedicado a los mitos, es crónica, ataca ciertas articulaciones originando hinchazón y dolor en las mismas, y es debida al aumento de ácido úrico en la sangre. La gota también produce dolores insoportables, por lo que, antes que nada, debes cambiar totalmente tu dieta, comer muchas verduras y frutas, y bajar al mínimo la ingestión de carne roja; por supuesto, nada de bebidas con cafeína o alcohólicas. Una vez hechos estos cambios alimenticios, ahora sí puedes aplicar masajes en la zonas adoloridas con orina, y si el dolor es muy fuerte, por la noche ponte compresas de orina y déjalas ahí hasta que te levantes.

Insuficiencia cardiaca

Esta aplicación de la terapia con orina debes considerarla como preventina y complementaria de la que te esté recetando tu médico. Empieza por beber la orina de la mañana todos los días, con ello ayudarás a que el corazón recupere parte de la hormona que él mismo sintetiza, y que, posteriormente, es filtrada por los riñones; también, a que la sangre sea menos pesada, facilitando la oxigenación del corazón.

Ciática

Este es un padecimiento en el que se inflama el nervio ciático, caracterizado por dolores en el glúteo y en la parte posterior del muslo; para lograr un tratamiento efectivo necesitas la ayuda del terapeuta o médico, ya que es doloroso y requiere de mucho cuidado. Primero que te aplique inyecciones de orina a lo largo del nervio adolorido, hasta la articulación sacroiliaca, es decir, hasta el extremo inferior de la columna vertebral, justo antes del cóccix, y puedes complementarla con un masaje de orina del día, aplicando compresas con el mismo líquido amarillo y una bolsa con agua caliente en la parte trasera de la cadera.

Arterioesclerosis

Mucha gente alrededor del mundo padece esta enfermedad, y se debe al endurecimiento y engrosamiento de la capa interna de la pared muscular, donde también se aprecian lesiones en las partes fibrosa y degenerativa de la pared arterial, y se caracteriza por la presencia de obesidad. Todo esto significa que cuando se deposita calcio en los vasos sanguíneos, la circulación se obstruye, disminuyendo el oxígeno en tu organismo, con el inminente peligro de sufrir entumecimientos y calambres en las extremidades, y de sentir mucho frío y mucho dolor.

Para empezar a aliviarte de estas sensaciones, utiliza tu orina dando masajes en la zonas afectadas, de abajo hacia arriba hasta llegar al corazón, y bebiendo un vaso del líquido amarillo todos los días; si deseas acelerar el proceso de curación, que de por sí es largo, haz ejercicio y camina todo el tiempo que puedas dentro de una alberca, el alivio que sentirás te permitirá continuar con el tratamiento hasta sanar totalmente.

Apoplejía

Este padecimiento es la suspensión súbita de la acción cerebral debida a la falta de oxígeno a nivel celular, como consecuencia de hemorragia, embolia o trombosis. Como puedes apreciar, en estos casos la acción debe ser preventiva totalmente, ya que no puedes exponerte a sufrir alguna de esas enfermedades que pueden provocar hasta la muerte. Para ello, necesitas llevar a cabo varias acciones: ejercicio al aire libre, de preferencia en las mañanas, cuando la contaminación en las grandes ciudades es menor; dieta balanceada, si se puede, supervisada por un nutriólogo; y la orina aplicada de la forma que prefieras: bebida, por lavativa o con masajes, así, el cerebro recibirá la cantidad de oxígeno que necesita y la sangre fluirá de mejor manera, evitándote "más de un dolor de cabeza".

Proceso de gestación

Para nadie es un secreto, y menos para las mujeres, que durante los embarazos la mayoría de nosotras sufrimos mareos, vómitos y, en ocasiones, hasta desmayos, pues bien, contra estos padecimientos normales de la preñez, existe otro método natural: beber nuestra orina. Sé que no es fácil para muchas mujeres hacerlo en estas circunstancias especiales, pero si ya lo hiciste antes del embarazo, no tendrás problema alguno para seguir haciéndolo durante nueve meses y más; si aún así, no consigues beber tu orina directamente del recipiente, puedes intentarlo cuatro veces al día, a través del preparado homeopático ya descrito; verás que cuando nazca tu bebé, tanto tú como él ya estarán listos para llevar a cabo su ingestión preventiva de orina.

Ahora bien, si quien sufre los mareos y vómitos es tu pareja, puedes decirle que en cuanto se levante de la cama, beba el chorro intermedio de su primera orina del día, y se olvidará de que *él también está embarazado*.

Herpes simple

Para muchos que la padecen, es la enfermedad de la "vergüenza", ya que, generalmente, se presenta sobre labios y genitales. Es una afección inflamatoria, de tipo infeccioso, de la piel y las mucosas, que se caracteriza por pequeñas erupciones transparentes agrupadas en número variable y rodeadas de una zona enrojecida, debidas a la congestión de los capilares; es provocada por un virus, el cual, una vez instalado en nuestra piel, jamás desaparece, y se manifiesta cada vez que el organismo tiene bajas sus defensas.

Si éste es tu problema, es pertinente que apliques toques de orina en las zonas afectadas, en cada ocasión que vayas al baño a orinar, y si así lo deseas y soportas, durante las noches coloca compresas de orina en los lugares infectados, evitando ingerir la solución de las compresas que están sobre los labios; si estás dispuesto a que la enfermedad se "duerma" y se manifieste cada vez menos, bebe orina todos los días como "agua de uso"; esto hará que se fortalezca el sistema de defensa del organismo y, probablemente, el herpes simple no tenga las condiciones necesarias para manifestarse, por lo tanto, no reaparecerá en nuestra piel.

En algunas otras situaciones de herpes, los tratamientos son parecidos al descrito, pero es necesario asesorarse con el orinoterapeuta para que sea él quien indique cuál es el método a seguir. Lo más importante es acudir al médico en cuanto detectemos este tipo de infecciones.

Osteoporosis

Debes tener en cuenta que la osteoporosis es una enfermedad que puede padecer cualquier persona, pero principalmente, los ancianos y las mujeres que están en la etapa de la menopausia o que ya han pasado por ella, y se debe a la atrofia de los huesos por una escasez de calcificación, por lo que éstos se

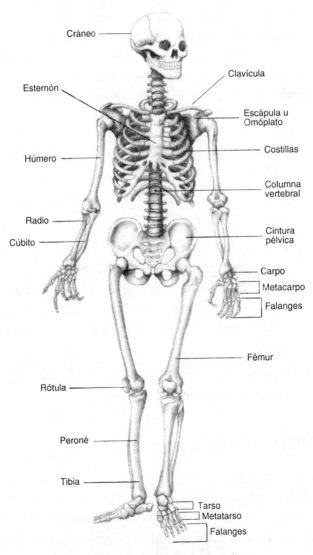

Cráneo

Clavícula

Esternón

Escápula u Omóplato

Costillas

Húmero

Columna vertebral

Radio

Cintura pélvica

Cúbito

Carpo

Metacarpo

Falanges

Fémur

Rótula

Peroné

Tibia

Tarso

Metatarso

Falanges

*La orina también te puede ayudar
a combatir la osteoporosis.*

vuelven quebradizos. Si tú eres una mujer mayor de cuarenta años o un hombre de cincuenta, y no has tenido problemas con tu sistema óseo, o si ya empiezas a sufrir de osteoporosis, puedes llevar un tratamiento, tanto preventivo como sanador, con las siguientes indicaciones:

1. Beber la mayor cantidad de orina posible durante el día.

2. Hacer ejercicio con regularidad, si es posible, caminata, natación o un poco de basquetbol.

3. Una semana ayunando, únicamente con orina y agua. Te recomiendo que cheques con tu terapeuta si estás en condiciones de llevarlo a cabo, y si no, que él te indique cuántos días es lo mejor para ti, de acuerdo a tus condiciones actuales de salud.

4. Lavativas cada dos días con 30 mililitros de orina, durante mes y medio.

Deficiencia de la próstata

Conforme van aumentado los años de vida, en muchos hombres también lo hacen sus padecimientos y los probables problemas con la próstata, glándula masculina situada entre la vejiga y el bulbo uretral, ya que a partir de los 50 y, a veces, de los 60 años, tiende a aumentar de tamaño; puede llegar a compri-

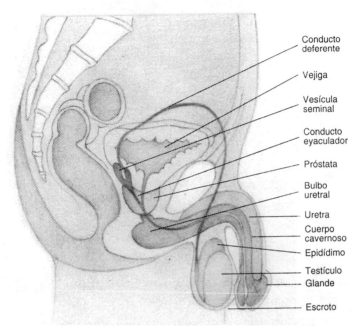

Conducto deferente

Vejiga

Vesícula seminal

Conducto eyaculador

Próstata

Bulbo uretral

Uretra

Cuerpo cavernoso

Epidídimo

Testículo

Glande

Escroto

Es conveniente consultar a un médico en cuanto se presenten problemas en la próstata.

mir la uretra, ese conjunto membranoso de las vías urinarias que se extiende desde la vejiga hasta el exterior, y que en los hombres sirve como conductor de la orina y el semen; por lo tanto, si la próstata crece, puede tapar esta vía al exterior y provocar serias dificultades para orinar y eyacular.

Todo esto viene a cuento porque si no es tratado a tiempo cualquier padecimiento de la glándula prostática, puede llegar a causar cáncer y, e incluso la muerte. Por esto, es necesario que los hombres

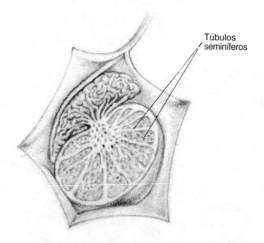

Túbulos
seminíferos

Vista interior del testículo.

de edad madura se revisen esta glándula con el proctólogo todos los años, a partir de los cuarenta. Es recomendable aplicar lavativas de orina dos veces por semana con 20 mililitros de la misma, también untarse la zona de los genitales con el líquido dorado por las mañanas, y en el perineo por las noches. Como métodos complementarios, llevar a cabo dos ayunos de orina y agua al año, comer muchas semillas o "pepitas" y hacer ejercicio regularmente.

Sarampión

Si de niños se trata, por lo regular los vinculamos con varios padecimientos, pero el primero que nos llega a la mente es, casi irremediablemente, el sarampión, una enfermedad febril, contagiosa y eruptiva, producida por virus, y que es de carácter epidémico, sobre todo en primavera e invierno. Se caracteriza por ser un tipo de catarro óculo-naso-faringo-laríngeo, con erupciones típicas en las mucosas de ojos, nariz y boca, y también con erupciones cutáneas que se propagan de la cara al tronco en forma de pequeñas manchas rosadas, más o menos salientes.

Para aliviar a tus hijos de esta enfermedad, el remedio es muy sencillo: frota todo su cuerpo con orina e inmediatamente después cúbrelos bien, para que suden todo lo que puedan y eliminen con mayor rapidez al virus; si es muy persistente, haz este proceso un día sí y otro no. Si lo deseas, cada tres horas puedes aplicarles una dosis homeopática de orina, así, la enfermedad cederá y tus hijos volverán a ser "los pingos de siempre".

Paperas

Desde siempre, se ha tenido cuidado, por parte de médicos y personas comunes, en cuidar al extremo a quienes padecen paperas, que es la inflamación dolorosa de las glándulas salivales, producida por un virus y que, regularmente, ataca casi únicamente a niños; cuando son estos casos, el remedio es hacer gárgaras con orina reciente y, de preferencia, con el chorro medio de la mañana. Para aliviar la inflamación de las mandíbulas, aplica compresas de orina caliente en forma lateral, ya que también disminuirá el dolor. Pero eso no es todo, como también duelen los oídos, cuando menos tres veces al día utilizarás orina reciente y caliente para vaciar unas gotas en la cavidad de la oreja, y la taparás con algodón empapado en la misma, para que esté en contacto permanente con el sanador líquido amarillo.

¡Ah!, pero hay que tener cuidado cuando las paperas atacan a varones adolescentes y adultos, ya que si no se tratan de inmediato con el método descrito, puede producirse una inflamación en los testículos, llamada "orquitis aguda", que puede atrofiarlos y causar esterilidad, por eso es muy importante que si hay un caso de paperas en casa, se revisen todos los miembros de la familia, sin importar edad, para evitar un contagio mayor con fatales consecuencias para los hombres adultos.

Hipertensión

Se puede asegurar que la hipertensión es una de las enfermedades que se adquieren por vivir en las grandes ciudades, ya que produce una tensión excesivamente alta, refiriéndonos especialmente a aquella que la sangre ejerce en las arterias. La presión arterial es la fuerza que mantiene circulando a la sangre. Debemos saber que una presión arterial "normal" puede variar entre las personas y su medio ambiente, por lo que los promedios van de 115/75 a 120/80 en jóvenes sanos.

Tomando lo anterior como base, una presión arterial muy alta es aquélla que está, en promedio, por encima de 160/100. En estos casos, debes llevar a cabo, de inmediato, un ayuno de diez días, logrando mejores resultados si es con base en orina y agua. Después, ingerir durante un mes un vaso con orina del chorro medio matinal; una vez transcurrido ese tiempo, descansas siete días y repites el tratamiento, hasta lograr estabilizar la presión. También puedes corregir tu presión si te aplicas una lavativa, un día sí y otro no, con un máximo de 40 mililitros de orina, hasta que regreses a tu presión normal.

Ahora que si de lo que sufres es de **presión sanguínea irregular**, durante las noches, dos veces por semana, prepara tu tina con agua entre tibia y caliente, para presión alta, ya que para la baja puedes usarla como la acostumbras, añade un litro de orina y relájate dentro de la tina, después enjuágate con un regaderazo de agua fría, sin jabón, y a descansar plácidamente. En la medida de lo posible, evita el tabaco, el alcohol y la sal. Después de este tratamiento, checa con tu médico cuál es tu presión, si ya está normal, ¡felicidades!, si no, tendrás que repetir todo el proceso curativo.

La Orina también puede ayudarte con la fiebre.

Fiebre

¿Quién en esta vida no ha sufrido de ataques de fiebre?, la respuesta es sencilla: muchos recién nacidos y los que aún no llegan a este mundo. La fiebre es producida por sustancias llamadas pirógenos (adjetivo que tiene su origen en el *fuego, el que produce fiebre*) como resultado del desdoblamiento de proteínas y otras moléculas, para atacar a los gérmenes que han invadido el organismo; por eso, muchos científicos tienen la certeza de que esos gérmenes no se reproducen tan rápidamente a altas temperaturas. ¿Qué significa esto?, que lo mejor es no bajar la temperatura del cuerpo de quienes sufren un ataque de este tipo, y dejar que el organismo desarrolle sus anticuerpos; a menos que la fiebre continúe aumentando, entonces sí, es necesario aplicar compresas de orina fría en las piernas para extraerle calor al cuerpo, y a la vez, la orina en la piel actuará estimulando al sistema inmunitario.

Enfisema

Una vez más, encontramos una enfermedad provocada por los humanos, ya que se produce principalmente en personas de mediana edad y ancianos, por vivir en ciudades contaminadas y por el exceso de cigarrillos. El enfisema es una grave alteración de los pulmones y una atrofia de los alvéolos, que han perdido elasticidad, parte del riego sanguíneo y han reducido enormemente la capacidad de intercambio entre el oxígeno y el bióxido de carbono de la sangre y el aire de los pulmones. Sus síntomas son característicos de quienes sufren falta de aire, jadeos, estertores, piel azulada, uñas curvadas hacia la palma de la mano y tos crónica, que puede ser dolorosa y con expulsión de flemas densas y viscosas.

Una vez identificado el enfisema, debes tener paciencia para que este método de orinoterapia tenga los resultados de salud esperados. Empieza por aplicar todos los días compresas de orina sobre el pecho, y fricciones en el tórax, hasta que desaparezcan la tos y las flemas, y el paciente pueda respirar libre y tranquilamente. Si se lleva a cabo la ingestión de orina del chorro medio matinal todos los días, se podrá mejorar ostensiblemente, aunque debemos tomar en cuenta que el enfisema es irreversible.

Obesidad

Otro de los males que se han acentuado en la época actual es la obesidad; no en balde han aparecido cientos de productos "maravillosos" para bajar de peso, muchos de los cuales no sirven o causan males mayores a la gordura. La obesidad se debe a un trastorno nutricional, el cual produce un incremento de tejido adiposo que se extiende a todo el organismo, en especial en el tejido celular subcutáneo, por un desajuste entre la cantidad de energía (comida) aportada al organismo y la consumida.

Para eliminar peso de tu cuerpo es necesario tener paciencia y una gran cantidad de orina. Veamos por qué: toma diariamente, en cuanto te levantes, un vaso con orina fresca del chorro medio; por principio de cuentas, esto te permitirá una depuración de toxinas en tu cuerpo y una evacuación normal, además de que facilitará el proceso de ingerir de dos a tres litros de orina todos los días; es un círculo beneficioso para quien lo lleva a cabo. Si además deseas bajar de peso un poco más rápido, una vez al

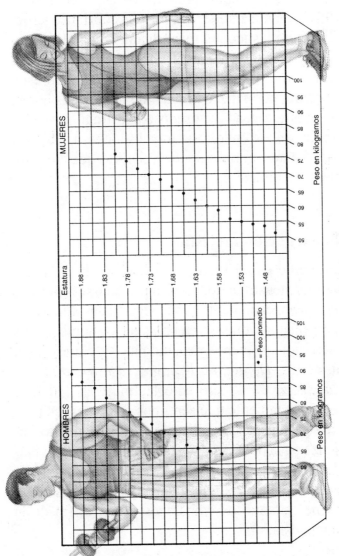

El peso ideal de hombres y mujeres

mes o mes y medio, prepara, en este orden, una colcha y manta grandes que puedan cubrir tu cuerpo, coloca un plástico del mismo tamaño que las anteriores y una sábana bañada en orina, te envuelves cubriendo todo tu cuerpo, a excepción, claro está, de la cara, permanece así cuando menos dos horas, y si eres tan osada u osado como tragón, puedes dormir con ese envoltorio toda la noche, así, al otro día te bañarás normalmente y, sentirás que eres otra persona realmente.

Menstruación molesta

Para nadie es un secreto que cuando las mujeres estamos menstruando, pueden producirse molestias que nos ponen irritables, molestas, tristes, furiosas o hipersensibles, que sirven para que los hombres nos descalifiquen, menospreciándonos, y comentando entre ellos: *Déjala, no le hagas caso a esa mujer, está en sus días,* pero sólo las mujeres podemos saber exactamente qué sentimos cada mes, cuando se da este proceso cíclico, que generalmente comienza en la pubertad, y está asociado con la ovulación; se debe a la emisión de flujo, principalmente sangre, con intervalos de un mes, y que solamente se detiene durante los embarazos o con el fin de la menopausia.

Pues bien, las mujeres que sufrimos de muchas molestias durante la menstruación, podemos aliviarlas con una compresa de orina caliente, cubierta con una toalla de rizo, y encima, una bolsa de agua caliente. Haz la prueba y descubrirás que los dolores espasmódicos desaparecerán como "por arte de magia", pero tú y yo sabemos que se debe al efecto sanador de la orina.

Menopausia

Aproximadamente, las mujeres llegamos a la menopausia a la edad promedio de 45 años, cuando los alrededor de 450 folículos ováricos han madurado y ovulado; al cesar esta función reproductiva, también lo harán la menstruación y la secreción de hormonas; y lo peor viene cuando empezamos a sufrir sofocos, sudoraciones, irritabilidad, fatiga, ansiedad y depresión, y no sabemos si se calmarán en unos cuantos meses o tardarán, inclusive, hasta años.

Pues bien, no tenemos por qué soportar heroicamente estos cambios naturales de nuestro cuerpo. Una vez que sepas que ya empezó esta etapa, puedes iniciar al mismo tiempo la tuya de eliminación de síntomas menopáusicos, bebiendo todas las mañanas un vaso con el chorro medio de tu orina, de preferencia el fresco y primero matinal, además, para sentirte relajada y tranquila, cada ocho días date un baño de tina al que le agregarás un litro de orina. Si te sofocas demasiado, sientes que no puedes respirar, que estás deprimida y excitada (no sexualmente) frótate el pecho, las muñecas y detrás de las orejas con orina fría, y todo esto desaparecerá casi de inmediato.

Ahora que si todos los síntomas menopáusicos se te juntan, acude a tu orinoterapeuta para que te inyecte una dosis de 10 ó 15 mililitros de orina dos veces a la semana y te sentirás como nueva.

Escarlatina

Esta enfermedad, la cual ataca principalmente a los niños de entre 5 y 16 años, es infecciosa, contagiosa y aguda; se caracteriza por aparecer bruscamente con una angina inicial, alta fiebre, malestar general y vómitos; el malestar lo provoca la bacteria escarlatina, del grupo de los estreptococos, y se puede reconocer por sus síntomas evidentes: erupciones en paladar, faringe, boca, lengua, labios, piel del cuello, pecho, axilas, espalda y en casi todo el cuerpo, por lo regular, no es de muerte, pero debe tratarse con cuidado.

La primera indicación es que tu hijo haga gárgaras con orina, cuando menos seis o siete veces al día, si este tratamiento le da asco, puedes diluir el líquido amarillo en un té de manzanilla u hojas de naranjo, o algún otro que le guste al niño, en proporción de mitades, pero será necesario que lo beba como agua de uso durante todo el día y todo el tiempo que le dure la enfermedad.

Parálisis

Aunque ésta no es una enfermedad en sí, sino un síntoma, es sumamente preocupante cuando te afecta, ya que es la pérdida parcial o total de la sensibilidad o de los movimientos voluntarios del cuerpo, y normalmente ataca a uno o varios músculos. En este tipo de problemas no importa cuál sea su origen, sino el atacarlo de inmediato y acudir al médico para una revisión general.

Primero, utilizando un cepillo para cabello, masajea con fuerza la parte afectada, teniendo cuidado de no causar dolor en las zonas cercanas que sí son sensibles; después, con ese mismo utensilio, humedecido en orina, (no es necesario que sea fresca, sino únicamente que haya estado en un envase cerrado herméticamente), masajeas de la misma forma, la orina hará el resto por ti, y la persona afectada de parálisis, una vez recuperada la sensibilidad y el movimiento, puede lavarse la parte masajeada solamente con agua tibia, para que el olor desaparezca del ambiente.

Dentadura

Para que puedas disfrutar de una dentadura sana y sin problemas de ninguna especie, hay dos remedios que te ayudarán mucho en esta tarea: el primero es preventivo, con tan sólo enjuagarse los dientes con una mezcla de orina fresca y una cucharada de aceite de girasol, mínimo una vez, y si es posible las tres veces al día, mucho mejor, se hará pasar con fuerza la combinación por entre los dientes durante dos minutos y, posteriormente, se escupe. Con esto, un buen cepillado y una pasta dental que no contenga azúcares, la caries "te pela los dientes".

Ahora bien, si ya tienes algunos dolores en las encías, este mismo procedimiento será útil para calmar las molestias mientras preparas tu visita al dentista, quien determinará qué es lo que te ocurre.

Y si lo que deseas es atrasar lo más posible la aparición de la **periodontitis**, es decir, la inflamación de los tejidos que rodean las piezas dentales que, a su vez, abre espacios entre las piezas y las encías permitiendo la proliferación de bacterias que atacan al hueso y los tejidos que sostienen el diente, entonces, si ya practicas el tratamiento anterior, habrás dado un gran paso para la conservación de tu dentadura, ya que si lo haces a modo preventivo, el enjuague resultará muy efectivo; de otro modo, si ha aparecido la periodontitis en tu vida, ya no hay remedio, y únicamente sirve para aliviar el dolor.

Cálculos renales

La mayor parte de los cálculos renales están formados del calcio de la orina que se ha precipitado cristalizándose; algunos enfermos de gota forman cálculos de ácido úrico. Los cálculos renales se pueden producir por herencia, por vivir en climas tropicales, por realizar un trabajo agotador físicamente o por llevar una vida sedentaria que permite la formación excesiva de calcio en la sangre.

Ahora bien, muchas de esas "piedritas" normalmente se eliminan con la orina, pero cuando alguna de ellas alcanza un cierto tamaño, como se ha dado en algunos casos de ¡más de tres centímetros!, no es posible eliminarlas por las vías urinarias y es necesaria la intervención de un cirujano que los pueda disolver sin operación, gracias a la resonancia sonora u ondas de choque, que las deshace y permite desalojarlas con la orina.

Antes de aplicar la solución a este problema con orinoterapia, es necesario que cambies tu dieta, y temo decirte que es más bien dejar de comer que cambiarla, por ello, desaparece de tu mente y paladar las carnes rojas, huevos, espinacas, coliflor, jitomates, ensaladas y zumos que contengan verdura roja, además, por supuesto, café y bebidas alcohólicas, lo que sí puedes y debes tomar es dos litros de agua todos los días, no es recomendable más de esa cantidad, porque se pierden muchos de los componentes presentes en los líquidos del cuerpo, como sales y minerales.

Ahora sí, para remediar tus cálculos renales, invariablemente tomarás, todos los días, una solución homeopática de orina, cada hora, mientras más preciso seas en esto, más rápido te aliviarás, pero si lo que deseas es una cura rápida, sin importar qué tengas que hacer, aquí está: puede parecer contradictoria a las indicaciones señaladas, pero mi abuelita la heredó de sus antepasados, y dice que siempre da resultado, allá tú si lo intentas: combina una botella de cerveza, no de las "caguamas", sino una normal, con otra de vino espumoso y medio litro de orina; una vez hecha la mezcla, te preparas mentalmente, respiras profundamente, y de un solo movimiento bebes todo el contenido, al poco tiempo, probablemente sentirás cómo la piedra, debido a la fuerza del líquido, saldrá más "mareada" que tú.

Nefritis

Ahora que si tu problema es de nefritis, es decir, que sufres una inflamación del riñón, focal o difusa, dependiendo del número de glomérulos afectados, se clasifica en glomerulonefritis, intersticiales, pielonefritis aguda y crónica; éstas dos últimas son de origen bacteriano. Este comentario, aunque por ahora no lo entiendas, por contener términos complicados, es necesario para saber qué tipo de nefritis padeces, si éste es tu caso.

La nefritis crónica provoca una acumulación de líquidos en algunos tejidos, principalmente en los de pies y piernas, y para sanarte de ella, después de checar con el médico que efectivamente se trata de esta enfermedad, puedes empezar el siguiente tratamiento:

1. Una semana de ayuno a base de orina y agua.

2. Invariablemente, beber un cuarto de vaso con orina fresca, cada vez que tengas ganas de acudir al baño.

3. Un día sí y otro no, te aplicarás compresas de orina caliente en las partes afectadas, puedes retirarlas cuando ya estén frías.

4. Este tratamiento lo llevarás a cabo durante catorce días y descansarás siete, así, hasta que desaparezca la nefritis.

Pero si lo que te detecta el doctor es una nefritis aguda, debido a que tienes dolores de espalda, ojos inflamados, agotamiento, presión arterial alta y opresión a la altura del pecho, entonces deberás estar seguro de que tu orina no contiene pus; si éste es el caso y, desde luego, supervisado por tu orinoterapeuta, puedes conseguir orina sana de otra persona, de preferencia, de alguien de tu familia, para que tengas confianza, éste es un paso muy importante, ya que los efectos de la orina sobre nuestro cuerpo no sólo se consigue con la propia, sino también con la de otras personas, e incluso, de algunos animales, pero para ello es necesario tener la seguridad de que el líquido dorado es estéril y sano.

Bien, el tratamiento en estos casos es beber la orina en pequeñas dosis, en cucharada cafeteras, durante tres o cuatro veces máximo al día, ya que será reforzado el sistema inmunológico con una dosis homeopática que ingerirás cada tres horas; con esto, te librarás de esta enfadosa enfermedad.

Asma bronquial

El asma se manifiesta cuando se sufren accesos intermitentes de sofocación, debido a la contracción pasmódica de los bronquios, lo que produce una sensación angustiante de asfixia; tiene su origen en una hipersensibilidad fisiológica a los alérgenos, de donde se desprende el término *alergia*. El ataque se produce cuando la persona que sufre de asma inhala la sustancia a la que es alérgica.

Debemos tener claro que, en muchísimos de los casos, el asma no es curable, pero sí controlable, y aunque también es cierto que muchos de los asmáticos no están dispuestos a utilizar su orina como remedio contra su enfermedad, sí puedes intentar llevar a cabo la ingestión, vía nasal, de gotas de orina, preferentemente la de la mañana, e inhalar la mezcla caliente de agua en medio litro de orina, la cual reducirá en forma favorable el que se repita el ataque, en relativamente poco tiempo, y las vías respiratorias no tendrán dificultad para llevar a cabo el proceso respiratorio. Es importante que tu terapeuta de la orina y tú, decidan qué es lo mejor para el paciente, si llevar un tratamiento a base de orina ya descrito, o el de cortisona (los dos son incompatibles), o bien, la inyección de 5 mililitros de orina matinal mezclada con una gota de fenol, y repetirlo a cada nuevo ataque de asma; una vez más, te sugiero que las inyecciones las aplique tu médico o terapeuta.

Diarrea

Aunque no hay ser humano que no haya sufrido, cuando menos alguna vez en su vida, una diarrea "normal" o leve, pocos sabemos sobre su causa, esto es, por infecciones virales o bacterianas, tensiones emocionales, comer o beber en exceso, alergia o contaminación de ciertos alimentos, ingestión de frutas o verduras crudas, verdes o demasiado maduras; todo esto es irritante para el aparato digestivo, y provoca que se intensifiquen los movimientos fisiológicos normales de contracción del estómago y los intestinos, por los cuales se impulsan las materias fecales contenidas en el tubo digestivo y se expelen los excrementos, de tal forma que empujan la materia fecal fuera del tracto digestivo, tan rápidamente que no dan tiempo a que se absorban los nutrientes y los líquidos.

Debes ser muy cuidadosa cuando tú o alguien de la familia sufra de diarrea, ya que, aunque es una reacción natural del organismo, puede causar deshidratación, principalmente a niños y bebés, y llegar a la muerte si no es atendida con prontitud.

Con la orinoterapia es más sencillo y natural detener la diarrea, ya que basta con tomar mucha agua (no más de dos litros diarios), ayunar y llevar a cabo una lavativa, dos veces al día, con 5 mililitros de orina hasta que desaparezca la diarrea.

Estreñimiento

Contrario al padecimiento anterior es el estreñimiento, y casi nunca es síntoma de alguna enfermedad. La mayoría de las veces se debe a que se pospone la necesidad de evacuar, provocando que las heces fecales se sequen y endurezcan, con la consabida dificultad para pasar por el recto, por esto es conveniente que tengas un horario fijo para ir al baño, similar al que normalmente tengas para comer.

Entonces, para estos casos de estreñimiento también necesitas una hora, más o menos precisa, para evitarte este molesto padecimiento; bebe un trago de líquido amarillo cada vez que vayas a orinar y ve aumentando la dosis, hasta que llegues a un vaso de orina todos los días, así, las heces estarán frescas y no tendrán dificultad alguna para ser evacuadas.

Úlcera

Este tipo de padecimientos pueden ser a flor de piel, estomacal, duodenal, varicosa (producida por las várices que verás en su apartado correspondiente) y por llaga o por descúbito, ésta última nace de permanecer mucho tiempo en cama por una enfermedad larga y que impide el movimiento. En términos generales, la úlcera es una solución de continuidad en la piel o en una mucosa que causa desintegración gradual de los tejidos, debido a un proceso de descomposición con escasa tendencia a la cicatrización.

Si el caso que tratas es una úlcera que despide pus, habrá que limpiarla con gasas esterilizadas, con mucho cuidado y profundamente, después aplicas compresas de orina reciente y caliente cada dos horas; durante la noche, coloca sobre la úlcera una compresa lo más empapada que puedas de orina, y por la mañana, nuevamente, las mismas compresas cada 120 minutos, así hasta que sane la herida, que puede tardar entre una y tres semanas, pero de que sanará, tú lo verás.

Urticaria

¡Ah!, la famosa comezón por irritación en la piel, se debe a la erupción característica ciertamente rápida, de ronchas blancas y rojas, acompañada de una intensa comezón. Las causas pueden ser por beber o comer alimentos en mal estado, la ingestión de medicinas y el contacto de la piel con ciertas plantas, animales u otras sustancias irritantes.

La solución es muy sencilla, rocía con orina la parte afectada y fricciónala con cuidado, hasta que desaparezcan la comezón y, probablemente, las ronchas. Esto lo puedes hacer cada vez que sientas que te regresa el picor, y asunto arreglado. Este proceso puede servirte, inclusive, para que descubras el poder curativo de la orina sin que tengas que beberla, simplemente para que compruebes que, efectivamente, no hay nada más natural para ti mismo que el líquido dorado de tu cuerpo.

Vista cansada

Aunque la vista cansada es propia de gente madura y de la tercera edad, no es exclusiva de ellos y también tú puedes padecerla si, por ejemplo, usas mucho tiempo tu computadora, entras y sales con frecuencia de sitios fríos y calientes, etcétera; entonces, lo primero que debes hacer es, uno, parpadear muchas veces sin apretar, dos, lavar los ojos con orina que **no** sea de la mañana, durante cinco minutos todas las noches, con un lavaojos, y si no deseas que te quede el olor, enjuágate con agua simple o té de manzanilla.

Micción frecuente o cistitis

Una vez más nos topamos con un padecimiento que aunque no es mortal, sí es muy molesto: la cistitis, una infección bacteriana que provoca la inflamación de la vejiga, caracterizada por una micción frecuente, evacuación vesicular difícil y dolorosa, y presencia de sangre o pus en la orina.

Bien, para poner alivio a este mal, acude un día sí y otro no con el orinoterapeuta para que te inyecte tu orina con una proporción que aumentará de 0.5 a 3 mililitros conforme pasen los días. Es muy importante que el médico certifique que efectivamente, la cistitis ha desaparecido, porque si no es así y dejas el tratamiento, las bacterias subirán por los uréteres hasta los riñones, causando una infección mucho más peligrosa que la misma cistitis.

Caída del cabello

Las causas que provocan la caída del cabello apenas están siendo descubiertas por los científicos, y no es cierto que solamente le suceda a los hombres, ya que

Línea normal del pelo

Pelo escaso en la coronilla

Entradas frontales

Calvicie en la coronilla

Pelo ralo en la coronilla

Cerco de pelo a los lados y atrás

La caída del cabello también puede tratarse con la orina.

cambios hormonales en las mujeres, estrés o una enfermedad larga, también pueden provocarla, y aunque han aparecido muchos productos en el mercado, casi ninguno de ellos certifica los resultados de la detención y posterior regeneración de los tubos capilares, o como los llama el vulgo, cabello.

El procedimiento es sencillo y no te costará el dineral que hay que pagar por los otros tratamientos comerciales:

1. Junta la orina de tres días en un envase hermético, preferentemente de vidrio.
2. Déjala reposar hasta que se forme el amoniaco, mismo que reconocerás por el fuerte olor que desprende.
3. Al cuarto día, lávate el cabello con la orina almacenada como si fuera tu shampoo normal, y cuidado, no uses más que la orina, misma que al aplicarse, formará espuma y de inmediato trabajará sobre la grasa asentada en el cuero cabelludo.
4. Enjuaga con agua de la regadera.
5. Enjabónate con orina reciente, dándote un masaje vigoroso únicamente con las yemas de los dedos.
6. No enjuagues, salte del baño y cúbrete la cabeza con un gorro de baño, una toalla o un paliacate, de tal forma que la cabeza se conserve caliente

y déjala así cuando menos seis horas, o toda la noche si te es posible.

7. Repite la operación la mayor cantidad de veces que puedas, con un mínimo de dos veces a la semana.

Este es un tratamiento a mediano y largo plazos que fortalecerá tu cuero cabelludo y al cabello, dependiendo del grado de afectación de caída del mismo que tengas; eso sí, los resultados los verás, y con seguridad, te dejarán satisfecha y/o satisfecho.

Músculos adoloridos

Sin importar cuál sea el origen de la dolencia muscular, podemos eliminarla con masajes de orina, de la que tenemos en reposo de varios días, y el cepillo que ya hemos utilizado para otros tratamientos. Una vez localizada la molestia muscular, darás un masaje con el cepillo de afuera hacia dentro, es decir, empezando por la parte afectada y cepillando hacia donde está el cuerpo, por ejemplo, si es un brazo el que duele, masajearás con el cepillo del brazo hacia el tronco del cuerpo, procurando que sea en una sola dirección y a la altura del pecho. Una vez que están abiertos los poros, frotar con orina hasta que desaparezca el dolor.

Si el padecimiento es muy persistente, utiliza papel periódico para cubrir la parte afectada, esto proporcionará calor permanente, empapas entonces una venda con orina, la colocas donde diste el masaje y que cubra totalmente al periódico. Es conveniente que se deje por varias horas, e inclusive por la noche, y con seguridad, al día siguiente el músculo estará en condiciones de moverse sin dificultad, si no es así, repetir el tratamiento hasta sanar.

Heridas leves en la piel

Cuando tengas alguna cortada por herida de cualquier tipo, primero lávala bien con orina fresca, y si así lo deseas puedes agregar un poco de agua oxige-

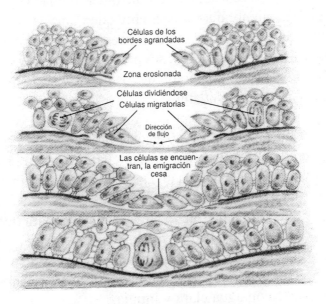

Proceso de cicatrización en la piel.

nada, así, desde la primera curación, la orina ya está provocando que los anticuerpos actúen de inmediato sobre la lesión. Si después de ello no sana del todo, entonces cubre la herida con un vendaje empapado de orina y déjalo ahí toda la noche; al otro día, con la primera micción y aprovechando el chorro de en medio, aplícale toques con la orina y espera hasta que se seque.

Conjuntivitis

Este padecimiento de los ojos es muy frecuente en el mundo, y se debe a un microbio que inflama la conjuntiva (membrana transparente que cubre la parte anterior del ojo, excepto la córnea, y tapiza la cara interior de los párpados); se caracteriza por su enrojecimiento, con dilatación de los vasos y secreción regularmente abundante.

En un pequeño frasco vacías un poco de orina reciente, para que posteriormente la diluyas en una combinación hecha con una gota de orina por cinco de agua, de esa mezcla vaciarás dos gotas en cada ojo; te recomiendo que lo hagas acostada, para que el líquido penetre fácilmente y, además, una vez en tus ojos, jálate los párpados para que la solución cubra toda la superficie ocular. Al final, puedes limpiarte con agua clara y limpia.

Cataratas

La catarata es una opasidad progresiva del cristalino del ojo, normalmente transparente la cual impide que la luz normal llegue a la retina. Esta enfermedad ocular empieza lentamente, sin causar ninguna dolencia en los ojos, y puede llevarse años en su total desarrollo, por eso es considerada como un mal de las personas ancianas, pero también se dan casos en gente joven.

Si tú ya las detectaste, no debes esperar a que se desarrollen en su totalidad, empieza por lavarte los ojos con la solución descrita anteriormente para la conjuntivitis, de preferencia en las noches y antes de dormir, para que no forces la vista y la orina tenga mayor efecto sobre el cristalino del ojo. Al día siguiente, y durante mes y medio, te aplicarás dos gotas en cada ojo cada vez que puedas, y si no deseas que el olor delate el tratamiento, después de unos minutos puedes lavarte con agua limpia y clara. En ese mismo lapso beberás la orina del chorro medio matinal.

Psoriasis

Este padecimiento con nombre raro no es otra cosa que una especie de sarna, causada por una afección de la piel en la que aparecen lesiones dérmicas eruptivas, pero que no contienen pus ni el líquido que lubrica ciertas membranas (serosidad), estas placas rosadas están cubiertas a menudo por escamas blancas, y se desprenden cada vez que nos rascamos, dejando una superficie encarnada que sangra con facilidad. Esto se debe a que las células de la piel se multiplican demasiado rápido, por lo que no se descaman en la forma habitual; aparecen frecuentemente en rodillas, codos y en la parte baja de la espalda.

Si se da un caso de psoriasis en la cabeza, lávate el cabello durante las noches con un shampoo suave, neutro o que contenga azufre, después aplicas la orina recolectada durante el día en toda la cabeza, dando un masaje suave pero firme en todo el cuero cabelludo, con las yemas de los dedos, durante quince o veinte minutos, y cubres la cabeza con un gorro para baño durante toda la noche. Al otro día puedes lavarte únicamente con agua entre tibia y caliente, sin utilizar shampoo, harás esta misma operación hasta que hayan desaparecido las escamas y la comezón.

Ahora bien, si es en cualquier otra parte del cuerpo, con tan sólo aplicar orina directamente en las escamas cada vez que vayas a evacuar el líquido amarillo, habrás dado un gran paso para la desaparición de la psoriasis, mismo que puedes complementar bebiendo todas las mañanas varios sorbos del chorro medio de orina matinal.

Pero si no estás listo para beber orina todavía, toma un baño de quince minutos en tina, mezclando un litro de orina del día y unos puñados de sal de mar. Si aún así no te has compuesto, entonces, no descartes una lavativa de 25 mililitros de orina, una noche sí y otra no, con ella la enfermedad desaparecerá más rápido de lo que crees.

Espalda adolorida

No es raro que nosotros o algunas de la personas con las que convivimos todos los días se quejen de una espalda adolorida, y lo primero que se nos ocurre preguntar es *¿dormiste bien?,* y es que este tipo de dolencias es tan común que creemos que son inevitables, pero no es así, se deben a que estamos en la tercera edad (la menor de las veces) o a defectos congénitos, pero la mayoría de los casos es por una debilidad muscular que produce la vida inactiva, sin ejercicios, al estrés de las grandes ciudades y por "gozar" de la vida moderna.

Si ya padeces de ese molesto dolor, tu médico te habrá dicho cuáles son las causas y ya estás trabajando sobre las soluciones, evítate más sufrimiento y toma en cuenta lo siguiente: durante cuatro días guardarás la orina en un frasco de vidrio que puedas cerrar herméticamente; una vez reposada, solicita la ayuda de tu pareja, padres, hermanos, amigos o de quien tú quieras, para que te den un masaje, por lo menos de treinta minutos, en toda la espalda, haciendo círculos con las manos, (tipo "Karate Kid"), deteniéndose más tiempo en la parte media y alta de la misma, ya que con toda seguridad es ahí donde más te duele, y si con el primer masaje no se te quita el dolor del todo, al día siguiente, antes de repetir el mismo masaje, que te apliquen uno con el cepillo seco que has utilizado para otras dolencias, y una vez "sensibilizada" la espalda, otra sesión con orina, ahora durante cuarenta y cinco minutos. Con esto, tu dolor de espalda desaparecerá.

Fístulas

Aunque en apariencia las fístulas no representan ningún peligro, si las dejamos avanzar pueden realmente causarnos serios problemas en nuestro cuerpo. Las fístulas se forman donde la piel es muy delgada y tiene rozamiento continuo, son un conducto anormal, ulcerado y estrecho, que se abre en la piel y en las mucosas; en muchas ocasiones aparecen como "grietas" en la epidermis, el problema es que no se quedan en la superficie, sino que se van adentrando en nuestro cuerpo y pueden causar verdaderos problemas a nuestro organismo, ya que van distribuyendo la pus por todo el conducto anormal e infectan cada vez más partes, y si esto te parece poco, el dolor que causa es también de pronóstico.

Normalmente, las fístulas aparecen en lugares a los cuales puedes tener acceso fácilmente, por lo que te recomiendo que mezcles cinco mililitros de la primera orina del día, la del chorro medio, con dos mililitros de tintura de árnica en una jeringa, con mucho cuidado para no picarte con la aguja, que debe ser muy delgada; viertes la combinación en la fístula hasta vaciar el contenido, la mayor parte se desperdiciará, pero con la que logre entrar será suficiente para acabar con la inflamación y reforzar el sistema inmune del cuerpo. Obviamente, repetirás la operación hasta que sane la herida, y si por alguna circunstancia amenaza con reaparecer, sólo tienes que llevar a cabo este tratamiento y adiós a la fístula.

Vagina

Realmente son muchos los problemas que podemos sufrir las mujeres en la vagina, como inflamaciones, picores, hipersensibilidad, heridas, infecciones causadas por hongos (micosis) y otras. Por fortuna, el remedio lo tienes a la mano: en un vaso recolecta la orina cada vez que vayas al tocador, inclínate hacia atrás lo más que puedas, al mismo tiempo que abres las piernas y vacías el contenido del recipiente en la vagina, procurando que se introduzca la mayor cantidad posible del líquido dorado. Después, ya en la noche, introducirás diez gotas de la solución de orina y agua homeopática, y si quieres dormir como una "reina", toma un baño de asiento tibio o caliente, en el que mezclarás orina e infusión de manzanilla en la misma proporción.

Glaucoma

Al igual que con la nefritis, existen dos tipos de glaucoma que afectan al ojo, crónico y agudo, y se producen por el aumento de la tensión intraocular, como consecuencia de la excesiva producción de humores oculares; una causa la deficiencia en la retina y el nervio óptico, llegando a producir una ceguera irreversible.

Para prevenir este terrible mal de los ojos, puedes llevar el mismo tratamiento que el recomendado para las cataras: lávate los ojos con la solución que ya has hecho para la conjuntivitis; en un pequeño frasco vacías un poco de orina reciente, para que la diluyas en una combinación de una gota de orina por cinco de agua; de esa mezcla, vaciarás dos gotas en cada ojo, de preferencia, en las noches y antes de dormir, para que no forces la vista y la orina tenga mayor efecto sobre el cristalino del ojo. Al día siguiente, y durante mes y medio, te aplicarás dos gotas en los ojos cada que puedas y durante ese lapso de curación beberás la orina del chorro medio matinal.

Regulación de la potencia sexual

Con seguridad, este es uno de los problemas que más temor causan, sobre todo en los hombres, quienes creen tener la "obligación" de no fallar nunca en sus relaciones sexuales; pero la realidad es que las causas de ciertos tipos de impotencia se deben a muchísimas razones, la principal y más poderosa es la psicológica, sobre todo cuando el cuerpo está muy agotado y no tiene energía para una relación sexual satisfactoria, por lo que no podrá sostener la erección y, así pues, la insatisfacción de la pareja será el síntoma.

Pero eso no es todo, muchos hombres no soportan esta disfunción **normal** y se presionan para los subsecuentes encuentros sexuales, lo que a su vez puede provocar otra disfunción, y así, hasta cerrar el círculo de la impotencia sexual psicológica. Otro caso es la eyaculación precoz, la que llega cuando la mujer aún no ha llegado a su clímax, que no forzosamente es el orgasmo y, por lo tanto, se queda "a medias" en la relación. Estos son los problemas más comunes, pero las causas de las disfunciones sexuales tendrán que ser tratadas con un sexoterapeuta.

Ahora que si tú, señor, joven, hombre maduro, crees que "solamente" tu potencia sexual ha disminuido, prueba a darte un masaje (si convences a tu pareja para que sea la que lo haga, puedes obtener mejores resultados) con orina, de preferencia fresca, delante y por encima del pubis, y detrás y encima de la pelvis, hasta que la orina haya sido absorbida por el cuerpo, y si aún tienes dudas de los resultados, refuérzalo bebiendo la mejor orina, la de la mañana, la del chorro medio, y así, estabilizarás tu potencia sexual.

Aclaro, esto no es únicamente para los hombres, también las mujeres pueden aplicarse este tratamiento como si fuera un afrodisiaco, que en realidad no lo es, pero a quién le importa, ya que aumentará el deseo y la capacidad sexual, te ayuda a ti y puede estimular más a tu pareja.

SIDA

No quiero dejar pasar más esta oportunidad de comentar sobre dos de las enfermedades que han matado a millones de personas en todo el mundo: SIDA y Cáncer. Empezaré con la primera, aunque el temor que ha causado este padecimiento nos ha hecho interesarnos un poco más de lo normal en ella, no está de más el recordar ¿qué es el SIDA? En sí, el virus que causa la inmunodeficiencia del cuerpo no es una enfermedad, sino un agente extraño que abre la puerta para que otros ataquen al organismo sin ninguna resistencia. Este virus se "disfraza" entre las células, por lo que impide que los anticuerpos actúan contra él; al desarrollarse, va destruyendo los glóbulos blancos, fundamentales para la creación de los mismos anticuerpos del organismo, así, deja sin defensas al cuerpo y, por lo tanto, cualquier enfermedad viral o bacteriana puede causar la muerte, inclusive un simple catarro. Se contrae por contacto sexual y transfusiones sanguíneas de personas infectadas, también aparece en niños recién nacidos contagiados por la madre.

Pues bien, hay una terapia que puede servir para disminuir o eliminar, en muchos casos, varios de los molestos síntomas producidos por el Síndrome de Inmunodeficiencia Adquirido, VIH o SIDA. En este caso, tengo que aclarar que la orinoterapia **no es la cura milagrosa** para esta mal llamada "enfermedad del siglo". El tratamiento empieza acostumbrándote a beber todos los días, invariablemente, el chorro medio de la orina matinal, para eliminar el escozor e irritación en las zonas cutáneas afectadas, inclusive, en las manchas de Kaposi, aplícate compresas de orina fresca o de varios días, la que te elimine la comezón más rápido.

Este sencillo tratamiento ayudará al bienestar general del enfermo, ya que "siente" que su sistema inmunológico se está reforzando, y muchos de los molestos síntomas de la enfermedad habrán disminuido, tal vez, desaparecido.

Nota: Muchos doctores, médicos, orinoterapeutas y enfermos de SIDA, coinciden en señalar que la orinoterapia no es compatible con el medicamento AZT, y es decisión del propio paciente el definirse por alguno de estos tratamientos o por cualquier otro que crea conveniente, finalmente, la decisión es suya y de nadie más.

Cáncer

Esta es la segunda enfermedad que quiero tratar en especial, el cáncer. Los oncólogos (del griego *onkos* que significa tumor), especialistas en este tipo de padecimientos en el ser humano, afirman que no es una enfermedad, sino muchas, aún así, han determinado clasificarla en tres grupos:

a) *Carcinomas,* que aparecen en tejidos como la piel, glándulas y la mucosa que reviste internamente a algunos órganos.

b) *Sarcomas,* que se desarrollan en el tejido conjuntivo, como en huesos, cartílagos y músculos.

c) *Leucemias,* mismas que afectan la sangre y el sistema linfático.

En lo que no se han puesto de acuerdo estos científicos es en sus causas, pero en fin, por ahora, lo que me preocupa y ocupa es ofrecerte una orinoterapia, en caso de que tú o algún familiar o amigo sufran de alguno de estos diversos tipos de enfermedad, y aumentar así la inmunoestimulación del organismo.

Para empezar este proceso, es necesario que el paciente tome todos los días un trago de orina del chorro medio matinal, durante dos semanas; a partir de la tercera debe ser un vaso completo. Después, con la ayuda del terapeuta, aplicar inyecciones intramusculares de orina, de tres a cinco mililitros una vez por semana; finalmente, dar masajes abundantes y en círculos, en las zonas afectadas, y si deseas reforzar el tratamiento, un día sí y otro no aplica lavativas con orina del día, en la misma proporción que las inyecciones.

Recuerda que si la orina del paciente no alcanza, con el visto bueno del médico o terapeuta, puedes utilizar la de otra persona que esté sana.

Lo mejor de estos remedios es que son compatibles con el que esté suministrando el oncólogo, eso sí, no está garantizada la recuperación de la salud, pero los síntomas de mejoría los sentirán conforme apliquen adecuadamente la orinoterapia mencionada.

Anginas

Mucha gente confunde la palabra angina (del latín *angere*, igual a sofocar) con amígdala (en griego significa *almendra)*, pero es más bien para designar a la inflamación de las amígdalas o la faringe, aunque eso es lo de menos, lo importante es cómo podemos aliviar esa molestia pues muy fácil, utiliza la orina reciente cada vez que vayas al baño y haz gárgaras, mínimo un minuto, así, el líquido dorado permite que el organismo diluya las placas y refuerce las defensas naturales del cuerpo; después enjuaga con agua tibia, y listo.

Arrugas

Esto te va a fascinar, ya que te puedes ahorrar mucho dinero dejando de adquirir cremas y líquidos, caros y raros, para evitar las arrugas en diversas partes del cuerpo, pero las que más nos preocupan a las mujeres son las de la cara, para ello, necesitas un recipiente con orina en el cual puedas meter las manos, te enjuagarás toda el área del rostro, dándote un ligero masaje con las palmas de las manos, y dejas que se seque, para que la orina sea absorbida por el cuerpo. Puedes hacerlo durante la mañana, con la primera orina del día, o en la noche, en ambos casos no debes enjuagarte hasta que hayan pasado, cuando menos, seis horas. Por el olor ni te preocupes, nadie notará nada.

Artritis

Este mal se acentúa en personas ancianas, pero de ninguna manera significa que es exclusivo de ellas. Se debe a que una o varias articulaciones (unión móvil de dos o más huesos, directamente o por medio de ligamentos) se inflaman produciendo una afección crónica y aguda, y mucho dolor. Para estos casos, recomiendo un tratamiento que puede variar dependiendo de las actividades de quien lo padezca. Es necesario empezar con ingerir dos tragos del líquido dorado en cada ocasión que tengamos necesidad de ir al baño a la micción, después, recolecta orina de dos o tres días y utilízala en compresas, que aplicarás continuamente en las articulaciones afectadas durante veinte minutos, o antes si ya han dejado de estar frías, puedes hacerlo la cantidad de veces que quieras sin que te cause irritación en la piel. Si esto sucede, espacia el tratamiento un día sí y otro no.

Ahora que si padeces alteraciones dolorosas y degenerativas en las articulaciones, se trata de un caso de **Artrosis**. Una vez a la semana, por diez días, aplícate compresas de orina durante dos horas, cubriendo el fomento con un trapo o toalla caliente, bebe tres tragos de orina reciente en el transcurso del día y a descansar lo más que se pueda, después debes hacer ejercicios que fortalezcan las articulaciones, de preferencia, con la supervisión de un profesional en acondicionamiento físico.

Circulación arterial

Puedes identificar los problemas de circulación en las arterias, en caso de que sufras entumecimiento y palidez en piernas y brazos, con una sensación incontrolable de frío en todo el cuerpo. Antes de aplicar la orina, date un masaje circular con un cepillo en las partes entumecidas, después, con orina recolectada de varios días, repetir el masaje en las mismas zonas, hasta que desaparezcan el frío y el entumecimiento.

Várices

Las horrorosas y dolorosas várices son padecidas por muchas mujeres y no pocos hombres en el mundo, veamos el por qué: muchas venas están provistas de válvulas para que la sangre, que corre por ellas más lentamente que por las arterias, no retroceda; cuando las válvulas no trabajan bien, la sangre se acumula en un solo punto por largo tiempo, haciendo que las venas se dilaten hasta cinco veces su grosor normal; las hemorroides son un claro ejemplo de várices, pero el problema de que aparezcan en las piernas es peor, porque es ahí donde la sangre tiene que fluir contra la gravedad, es decir, hacia arriba. Las personas más susceptibles de sufrir várices son las que heredan válvulas débiles, las obesas, las que trabajan muchas horas de pie, las que sufren estreñimiento crónico y las embarazadas.

Aquí también es necesario ser constantes en el tratamiento, por lo que te recomiendo lo siguiente:

1. Un ayuno de orina y agua, de cuando menos seis días.

2. Beber orina fresca todos los días, cuando menos cuatro veces al día.

3. Un día sí y otro no, con vendajes empapados en orina fría.

4. **Nunca dar masajes sobre las várices**.

5. Los días en que no se apliquen los vendajes, lavarse con agua fría, introduciendo primero los pies, y poco a poco ir metiendo las piernas hasta que estén totalmente cubiertas, no está de más decirte que no debes frotar las zonas varicosas.

6. Bajo supervisión médica, hacer una rutina de ejercicios que fortalezca la circulación en las áreas afectadas, y la ingestión de magnesio.

Con esto, puedes volver a lucir tus piernas y, sobre todo, evitar no únicamente dolores en las mismas, sino también de cabeza.

Varicela

Cuando a uno de tus hijos le dé fiebre y le aparezcan pequeñas manchas rojizas en todo el cuerpo, que después se convierten en vesículas, conteniendo un líquido que seca pronto, y se producen costras, entonces, sin duda, el niño tiene un ataque de varicela, pero despreocúpate, es benigna, y mucho menos contagiosa que la viruela.

Lo mejor que puedes hacer es combinar en el agua que bebe el pequeño durante el día, un poco de orina, de tal modo que no descubra ni el sabor ni el color, envuélvelo con una sábana empapada en líquido amarillo y déjalo así todo el tiempo que aguanten él y tú. La recuperación será más rápida de lo normal.

Picaduras de insectos

Esta molestia suele presentarse durante la temporada de calor, cuando sales a nadar o de día de campo, inclusive, a veces ni los aerosoles contra insectos resultan efectivos; afortunadamente todo se reduce a que, en cuanto sientas un piquete o mordedura de algún insecto, de inmediato apliques orina reciente en el lugar de la irritación: ni siquiera sufrirás de enrojecimientos, comezón o inflamación, ¿verdad que sí es muy útil la orina?

Anemia

Entre el gremio de los doctores en Medicina, la anemia no está considerada como una enfermedad, sino como el síntoma de algunas de ellas, ya que la causa una deficiencia en el número de glóbulos rojos o en la cantidad de hemoglobina que contienen; esto provoca que el organismo no trabaje a toda su capacidad, ya que no obtiene suficiente oxígeno de la sangre, principalmente, por la falta de hierro.

Ante esta debilidad del organismo lo mejor es beber durante mes y medio la orina matinal del chorro medio, toda la que se acumule y, si es necesario, con una solución de 20 mililitros de orina en lavativa, por treinta días, recuperarás tu energía y color naturales, si no es así, descansa una quincena y repite el tratamiento.

Gangrena

Éste, como el SIDA y el cáncer, es otro caso muy especial que puede ser tratado con una buena administración a base de orina y por un experto en orinoterapia; éstas son dos condiciones inseparables para lograr recuperarse de tan mortal padecimiento. La gangrena (en griego, es igual a *roer*) tampoco es una enfermedad en sí, sino que se debe a una putrefacción de los tejidos muertos, debido a una infección o a la falta de riego sanguíneo, ya sea por congelación, arterioesclerosis, quemaduras de tercer grado, diabetes no controlada, infecciones persistentes, magulladuras severas, o hasta por embolia.

Algunos de los pioneros en orinoterapia tienen la convicción de que también se puede tratar la gangrena con el líquido dorado. Primero hay que advertirle al paciente que es un proceso largo y cansado, pero que sí puede dar excelentes resultados.

Iniciar con un ayuno a base de agua y orina, frotarse todo el cuerpo con compresas empapadas de líquido amarillo, tomándose más tiempo en el área donde se encuentran los riñones e intestinos, órganos que aumentarán su capacidad de aprovechamiento del reciclado de la propia orina; puede parecer que las erupciones se agrandan, pero si dejan de estar irritadas, es un buen síntoma de que el tratamiento está empezando a dar resultado, el ayuno puede prolongarse hasta por 18 ó 20 días, por eso es necesaria la presencia y supervisión de un orinoterapeuta experto, a partir de ese lapso, en la parte gangrenosa ya no debe existir ninguna infección, sino al contrario, debe estar sana y en activo.

En estos casos tan difíciles, es necesario que el mismo terapeuta que te está atendiendo, te prepare una dieta a base de frutas y verduras, para reforzar el sistema inmunológico y retornar a nuestra vida diaria, poco a poco, y sin sufrir descompensaciones por regímenes alimenticios mal aplicados.

Leucemia

Esta enfermedad es considerada como el cáncer de la sangre, y se manifiesta por un alto contenido de glóbulos blancos en el torrente sanguíneo, evitando su misión protectora de anticuerpos. Nuevamente, será indispensable la presencia de un terapeuta de la orina para llevar a cabo la curación de la leucemia. Es importante que en cuanto se detecte este mal, y si realmente creemos en la terapia a base de orina, acudamos de inmediato con el experto naturópata, y no dejarlo al final, cuando las radiaciones con rayos X hacen imposible cualquier recuperación del padecimiento.

Para esto, se empezará también con un mínimo de una semana de ayuno a base del agua y orina, exclusivamente, y así continuarla según las indicaciones del terapeuta, hasta que se "sientan" los primeros síntomas de mejoría, probablemente se llevarán algunas semanas más de ayuno, hasta que la enfermedad haya desaparecido. Es muy importante cambiar definitivamente los hábitos alimenticios, y dejar de comer "basura y chatarra", de la que estamos inundados; si después de este largo proceso de perseverancia y disciplina has logrado la salud, ¿por qué no estarlo por el resto de nuestra vida? ¡Tú decides!

Orquitis

Este es uno de los casos en los que si no se descubre y atiende a tiempo, puede ser mortal, y es que la orquitis es una enfermedad sumamente dolorosa, causada por una lesión, contagio de gonorrea o un ataque de parótidas (dos glándulas salivales que están abajo y delante de las orejas, que segregan saliva pobre en enzimas), que provocan hinchazón en los testículos e, inclusive, éstos pueden llegar a ulcerarse.

El tratamiento es idéntico a los dos anteriores: ingestión de orina y agua en ayuno, hasta que el cuerpo trabaje normalmente otra vez; desde luego que pasarán algunas o muchas semanas con este régimen, pero por los excelentes resultados, habrá valido la pena el sacrificio. Una vez más, el ayuno y la dieta posterior al tratamiento los debe controlar un naturópata o experto orinoterapeuta, sólo así se puede garantizar el éxito del tratamiento.

Hasta aquí el método de curación de muchas enfermedades, y aunque no son todas las que se pueden curar por medio de la terapia con orina, sí es necesaria una labor preventiva. A principio de cuentas y antes del cualquier otra situación, lo mejor será que trates de mantenerte en tu peso, según tu estatura y complexión, ingerir especies naturales, comer muy poca sal, ingerir menos café, refrescos y bebidas con contenido alcohólico, y, principalmente, saborear dos litros de agua al día, además de hacer ejercicio, cuando menos caminar diariamente 20 minutos, así obtendrás los resultados esperados, si no, te expones a sufrir enfermedades que requerirán de mucho mayor sacrificio y disciplina por tu parte. Tú tienes la última palabra.

Otras aplicaciones de la orina

➣ Uno de los usos más frecuentes de la orina que no se aplican en el cuerpo, es el de regar los sembradíos de pepinos y otras verduras con el vital líquido dorado, ya que esto permitirá que crezcan mejor y más grandes.

➣ También, si utilizas orina para limpiar ventanas, éstas lucirán como nuevas y nadie se espantará por el método utilizado.

➣ Uno más: qué tal si en lugar de jabón te aplicas un espumoso shampoo de orina; te limpiará mejor, evitará la caída del cabello y reforzará el cuero cabelludo.

➣ Si tu bebé se orina, permite que ese líquido se riegue por su cuerpo, no le pasará absolutamente nada, ni una ligera rozadura, y su piel estará aún más tersa.

➢ La orina, en este caso, hasta de animales, es un remedio infalible para eliminar bacterias de las pieles a curtir y, por si fuera poco, las deja tersas y suaves.

➢ Muchas alfombras persas y orientales son tratadas con orina humana y animal.

➢ Para una torcedura de pies o manos en el campo, no hay nada mejor que meter el miembro lastimado en un recipiente lleno de orina; el dolor desaparecerá de inmediato.

➢ En algunas ciudades, se acostumbra cepillar a los caballos con su propia orina, nada los dejará más hermosos y brillantes.

➢ Si tienes niños en casa y muchas plantas por regar, deja que sean los pequeños los que se encarguen de vaciar su líquido dorado sobre la tierra de ellas; éstas crecerán rápido, felices y agradecidas con tan vital fluido.

➢ Si estás embarazada y deseas saber cuál será el sexo del bebé, vacía tu orina en un recipiente donde puedas agregar dos puñados, uno de granos de trigo y otro de cebada; si el trigo germina primero será niña, si no... tú ya sabes.

Lo que debemos saber para utilizar la orina

Después de ver las enormes posibilidades de sanar con la orina, es preciso que antes aprendas algunos trucos que te ayudarán a ingerirla sin ningún problema; como por ejemplo: las primeras veces te servirá muchísimo un viejo truco de abuela y mamá, cuando éramos pequeñas y teníamos que tragar alguna medicina que no sólo sabía horrible, sino que además ¡olía horrorosamente mal!, ¿la solución?, sencilla: tápate la nariz al mismo tiempo que bebes la orina, así, el sentido del olfato no interviene en el proceso, y hará más fácil este primer y fundamental paso. Además, puedes hacerlo así cuantas veces sea necesario, y si aún te queda una extraña sensación en la boca, a continuación puedes ingerir un vaso con agua simple, y ¡asunto arreglado!

Después de algunos días, seguramente el sabor y el olor de la orina se irán suavizando, hasta llegar al punto del que no le darás importancia, ya que el sentido del gusto se habrá acostumbrado, es decir, mientras más bebas la orina, más limpia y purificada será, y el sabor y olor casi desaparecerán.

¿Verdad que esto no es muy difícil?

Precauciones

Aunque pudiera parecer que los riñones hacen una labor de filtro o desintoxicante, esto no es del todo cierto, ya que el órgano encargado de ese trabajo es el hígado; por lo tanto, debes ser muy cuidadosa de no tomar medicamentos sin un buen chequeo, y recetados por médicos, por lo que no debes abusar de aspirinas y otros analgésicos similares, ya que pueden dañar a los riñones si se consumen en exceso. Lo mismo puede decirse del bicarbonato y de los antiácidos, sin embargo, ninguno de estos medicamentos causa problemas al organismo si se toma en dosis moderadas cuando realmente se tiene la necesidad de ellos.

La cistitis, una inflamación de la vejiga, explicada en el subtema correspondiente, es una infección bacteriana muy común, causada generalmente por gérmenes que se propagan desde el tracto intestinal hasta la vejiga, a través de la uretra; esta inflamación es mucho más frecuente en las mujeres porque tienen la uretra más corta que los hombres, y su abertura está muy cerca del ano y de la vagina. Los síntomas abarcan la necesidad frecuente y urgente de orinar, aunque haya poco líquido en la vejiga, una sensación de ardor al hacerlo, y algunas veces fiebre y presencia de sangre durante la micción.

Esta enfermedad no es peligrosa en sí misma, y puede curarse rápida y eficazmente con antibióticos, pero ¡cuidado!, en ocasiones, los síntomas desaparecen tan rápidamente con el tratamiento que el paciente considera que la infección ha cedido, y deja de tomar demasiado pronto los medicamentos que le han prescrito; esto puede hacer que los gérmenes suban por los uréteres hasta los riñones y causen una pielonefritis, una infección potencialmente más peligrosa que la cistitis. Para evitar ese riesgo, se recomienda a los enfermos que sigan tomando el antibiótico durante el tiempo que les haya indicado el médico, aunque crean que ya están curados.

¡Cuidado cuando la orina es inyectada!

En diversas enfermedades, es recomendable que la orina sea inyectada, pero debes ser en extremo cauteloso, ya que el líquido amarillo nunca se debe extraer de las zonas renal y vesical enfermas, y debes estar totalmente seguro de que la inyección jamás alcance alguna vena o arteria. Ahora bien, si estás llevando un tratamiento regular con una medicina de ingredientes fuertes, las propiedades naturales de la orina seguramente se han alterado, de tal forma que ya no es apta para ser inyectada; esto es sumamente delicado y debes tenerlo muy en cuenta, porque si no, pensarás que se habló mucho de las cualidades de la orina y resulta que no lo son tanto, esto no dependerá de tu líquido, sino de los medicamentos que ingieras; éstos, regularmente, producen cambios en el organismo, que para eso son, y, como resultado final, ese fármaco con seguridad alterará los compuestos de la orina, haciéndola no propicia para su ingestión.

Agua, tan vital como la orina

A finales de los años sesenta empieza la juventud a voltear hacia la naturaleza, no sólo lo hace para descubrir bellos paisaje y vivir en el campo, sino también para llevar una alimentación sana, sin papas fritas, hot dogs, hamburguesas, y mucho menos, pizzas, y una de sus mayores atenciones la pusieron en la necesidad de ingerir agua natural, la misma que con el paso del tiempo y su uso frecuente, limpia los órganos internos y permite mantener una salud realmente estable, es por eso que el agua es indispensable para el buen funcionamiento de los riñones y de todo el organismo.

Cuando se tiene fiebre alta, lo que hace sudar profundamente, o se sufre de vómitos o diarrea persistentes, el organismo tiende a deshidratarse; por eso, los médicos recomiendan a los enfermos que beban mucho líquido. También es importante recuperarlo cuando se pierde haciendo mucho ejercicio o al tener un trabajo físico extenuante, sobre todo si hace calor.

Bebidas alcohólicas

Si se bebe mucha agua cuando se toman bebidas alcohólicas, sobre todo, en lugar de refrescos, se pueden evitar algunos de los desagradables efectos de la "cruda", ya que el alcohol dilata los vasos sanguíneos y tiene una acción diurética al aumentar el flujo de sangre a través de los riñones, y los estimula para que produzcan más orina. Esta diuresis hace que el cuerpo llegue a excretar más agua de la que absorbe, causando una deshidratación que es responsable de la boca seca y los dolores de cabeza que caracterizan a la "cruda".

Cuándo no beber orina

Cada día que bebas orina, antes de hacerlo, debes aprender a examinarla con atención, ya que si ésta no está "limpia", es decir, si encuentras mezclas purulentas o extrañas, lo mejor es no hacerlo directamente; a pesar de esto, no dejes de ingerirla, para ello, puedes llevar a cabo el proceso homeopático explicado en el capítulo dedicado a las *Propiedades curativas de la orina,* y así, seguir aplicando tu terapia de orina sin ningún peligro de reacciones malignas en el organismo.

Toma muy en cuenta que si detectas esas raras mezclas en la orina, puede significar que sufres de una infección renal, procesos de inflamación o hasta cáncer en la vejiga, por lo que debes acudir con tu médico terapeuta para que te aplique un tratamiento a base de orina, para que sanes lo más rápido posible, sobre todo si en verdad es cáncer el que te aqueja, ojalá y nunca sea así, pero si no, empieza de inmediato tu orinoterapia.

Un mito popular

La gota, símbolo de intemperancia, es mejor conocida como *La enfermedad de los ricos,* y se debe a la ingesta diaria de comidas ricas en proteínas, provenientes principalmente de la carne.

Se suele representar a los gotosos como grandes bebedores y glotones, dados a una vida regalada, que han encontrado en el pecado la penitencia; es éste un retrato injusto, que añade al dolor, la burla. La verdad es que la tendencia a la gota es hereditaria; se trata de un tipo de artritis producida por una alteración metabólica, que el alcohol y algunos alimentos agravan. Los que padecen esta enfermedad no metabolizan bien las purinas, sustancias que forman ácido úrico; éste se precipita y deposita en las articulaciones, que se inflaman causando un dolor insoportable. Un traumatismo, una infección, fatiga, ejercicio extenuante o una dieta baja en carbohidratos pueden desencadenar el ataque súbitamente, sobre todo a hombres maduros. La gota es un viejo padecimiento que aún se trata con un antiguo remedio heredado de la herbolaria: la colquicina. La gota inflama sobre todo al dedo gordo del pie, causando un dolor que raya en la tortura.

Comentarios finales

Cuando no estás acostumbrada a llevar ningún tipo de ayuno, y después de leer este libro deseas llevarlo a cabo a base de orina y agua, es pertinente que te asesores con expertos naturópatas o en orinoterapia, porque lo primero que perderás será peso, pero debe ser en forma controlada, paso a paso; que te chequen cuando menos cada tres días o cada semana, así, hasta que sea para ti el ayuno parte de tu naturaleza. Es recomendable hacerlo cuando menos una vez al año, hasta que tu cuerpo te lo pida y se te haga indispensable, pero debe ser sin riesgos de más, nunca al "ahí se va..." porque pondrás en peligro tu salud.

El otro punto importante, es el de vencer la repulsión natural para beber tu propio líquido dorado, en verdad, la orina es estéril y no produce ninguna enfermedad, se puede ingerir o aplicar directamente contra casi todas las enfermedades que aquejan, hoy por hoy, al ser humano; tanto para aquél que vive en los barrios más pobres de las ciudades, como para el campesino, que no tiene dinero para las más elementales necesidades de subsistencia, y para el ciudadano común de clase media, empresarios e industriales, que muchas veces no tienen tiempo para acudir con regularidad al médico.

Para todos ellos, la orinoterapia es una especie de "panacea", sin pretender realmente que lo sea, ya que independientemente de cuál sea nuestra posición social y condición, todos, absolutamente todos, vamos varias veces a la micción, a despejar la vejiga. Por lo tanto, es necesario que ya no seamos indiferentes ante este absurdo desperdicio que es el de tirar, literalmente, la orina; aprovechémosla de la mejor manera posible, no es una necedad lo que estoy comentando, no esperemos a que nos detecten una enfermedad terminal y que los doctores ya no puedan hacer nada, para precipitarnos sobre nuestra orina, sería mejor que la usáramos en nuestro beneficio y que, a su vez, nos provea de salud en todos los niveles de la vida, probémosla ya y, por supuesto, digamos ¡SALUD!

Índice

TÍTULOS DE ESTA COLECCIÓN

Este libro se terminó de imprimir
en los talleres de:

Mujica Impresor S.A. de C.V.
Camelia No. 4, col. El Manto
Deleg. Iztapalapa 09830
México, D.F.